Die vierte Indus
uns ui

Ein Buch von

Dipl.-Ing. Frank Krämer

© 2019 Frank Krämer

Verlag und Druck: tradition GmbH, Halenreie 40-44, 22359 Hamburg

ISBN Taschenbuch: 978-3-7497-2230-3
ISBN Hardcover: 978-3-7497-2231-0
ISBN e-Book: 978-3-7497-2232-7

Bibliografische Information der Deutschen Nationalbibliothek: Die Deutsche Nationalbibliothek verzeichnet diese Publikation in der Deutschen Nationalbibliografie; detaillierte bibliografische Daten sind im Internet über http://dnb.d-nb.de abrufbar.

Inhalt

Über den Autor

Frank Krämer wurde 1962 in Duisburg als Sohn eines Thyssen Facharbeiters und einer Mutter als Verkäuferin geboren. Er war 2 mal verheiratet und hat 3 Kinder, darunter eins aus Indonesien und dort lebend. Nach Abschluss seines Hauptschulabschlusses hat er eine Lehre bei der Firma Thyssen als Rohrinstallateur erfolgreich abgeschlossen und anschließend noch 2 Jahre als Geselle an Hochöfen und Stahlschmelzen bei Thyssen gearbeitet. Seine mittlere Reife holte er nach der Zeit bei Thyssen in 1,5 Jahren, sowie sein Fachabitur in einem weiteren Jahr nach. Herr Krämer studierte anschliessend Energie- und Wärmetechnik in Gießen und konnte sein Studium erfolgreich nach 4,5 Jahren als Dipl.-Ing. abschliessen, sowie eine Beschreibung zur einfachen schlauchartigen Aussen Containerkühlung auf Schiffen in einem Buch veröffentlichen.Mit anschliessenden Arbeitsvertrag bei der Firma Siemens konnte Herr Krämer in knapp 2 Jahren ein 230 MW grosses Kohlekraftwerk im Saarland neu in Betrieb nehmen. Nach dieser Zeit ist er für die Firma RWE weitere 5 Jahre tätig gewesen und konnte in Kohlekraftwerken, Müllkraftwerken und Gasturbinenkraftwerken tätig sein. Parallel zu seiner RWE Tätigkeit verfügt Herr Krämer über zahlreiche Fachabschlüsse im Bereich der Wirtschaft, erworben an der Wirtschafts-Fachhochschule in Frankfurt. Seit 1995 verfolgt Herr Krämer seine eigenen Kraftwerksgeschäfte mit dem Kauf- und Verkauf, sowie der Überholung von Kraftwerksanlagen weltweit. Seine ehemaligen Firmen TUBA Turbine und Frank Krämer Power Solution sind nicht mehr auf dem Markt vertreten, da Herr Krämer sich im Jahre 2017 komplett neu und CO_2 frei gegen schädliche Verbrennungsprozesse orientiert hat. Die seit dem Jahr 2006 bestehende TUBA, (www.tuba-ag.com) mit Sitz in Indonesien, wird in eine Aktiengesellschaft mit Sitz in Frankfurt am Main umgewandelt, dies ermöglicht allen Menschen auf der Welt den Kauf von eigenen TUBA Aktien einen sehr hohen Gewinnzuwachs in kürzester Zeit zu erhalten und um ein CO_2 freies Gewissen zu haben und zur Erhaltung der Menschheit beitragen.

Durch seine zahlreichen beruflichen Reisen und Kraftwerkstätig-keiten in den Yemen, Iran, Thailand, Malaysia, Indonesia, Dubai, Qatar, Saudi Arabia, Sierra Leone, etc. konnte er reichlich Men-schenkenntnis und Erfahrungen sammeln, nicht nur bei seiner erfolgten Einladung beim König von Malaysia. An weiteren Ent-wicklungen arbeitet Herr Krämer mit TUBA im Moment auch an Auto-Klimaanlagen mit Peltierelementen, Plasmatechnologie mit Geothermalkraftwerken weltweit zur Stromerzeugung und um-weltfreundlichen Müllentsorgung mit Plasmatechnik, sichere Ent-sorgung von Atomabfällen mit Plasma Bohrtechnik und Entsor-gung der Atomabfälle ins Erdinnere und Ersatz aller Atomkraft-werks-Brennstäbe mit Plasma-Geothermal-Bohrtechnik und Nut-zung der inneren Erdwärme, Herstellung und Verkauf von kos-tenlosen Strom und Trinkwasser (Grundrechte des Menschen) für alle Menschen auf der Welt, Weiterentwicklung von Wasser-stoffautos bis hin zu Autos die nur mit Leitungswasser betrieben werden, freie Energiemotorenautos die ohne Treibstoff fahren, effektive und leichte, effektive umweltfreundliche Algenbatterien, freie Energie und Wasserstoff Mini Blockheizkraftwerke für Haushalte zur eigenen autarken kostenlosen Strom und Wärme-erzeugung, Entwicklung eines Stromspeichers über die Stromcloud zur kabellosen Verteilung und Bezug von kostenlo-sem Strom für alle Menschen auf der Welt, Einführung von Tesla Türmen zur kabellosen Stromübertragung, Anbau von Jatropha Bio Öl Pflanzen in Asien oder Saudi Arabien für die Begrünung der Wüsten und der eigenen Stromversorgung mit Stromgenera-toren für Entwicklungsländer und als Ersatztreibstoff für die um-weltschädlichen, schwermetallbelasteten Kerosintreibstoffe in Flugzeugturbinen, Einführung von Keramikwerkstoffen in Gas-turbinen zur wesentlichen Gewichtsersparnis und damit Treib-stoffersparnis, Vermarktung einer echten rauchfreien Zigarette und Entwicklung einer Zigarette für den Cannabiskonsum, Ein-führung von naturbelassenen, pestizid-und verpackungsfreien Nahrungsmitteln für jedermann bezahlbar, Einführung von natür-lich hergestellten Medikamenten ohne Nebenwirkungen, Verbes-serung der schlechten Trinkwasserqualität, Entwicklung eines neuen Verkehrssytemes für CO2 freie Städte und Strassen,

Reduzierung aller CO2 Ausstösse nach dem Verursacherprinzip, Beratung für den neuen Häuserbau mit Steinen aus Wüstensand, Verlagerung von hunderten nicht mehr benötigter und gut erhaltener Kraftwerksanlagen von Europa nach Afrika zur Versorgung mit Strom für eine Übergangszeit bis zur neuen Einführung CO2 freier Energieversorgung weltweit.

Die vierte Industrie bringt uns um

Warum sind beinahe alle Menschen auf der Welt krank? Warum sind gerade bei den Industrienationen 90 % und mehr aller menschlichen Verdauungstrakte nicht in Ordnung? Woher kommt der viele Krebs? Woher kommen unserer Krankheiten? Warum können wir bei „ normaler" Lebensweise nicht 120 Jahre alt werden, ohne Krankheiten? Was alles mischt uns die Lebensmittel,- Pharma und Chemieindustrie ins Essen, in Pillen und in Alltagsgegenstände? Die immer höher werdenden Mengen an Genmanipulierten Nahrungsmitteln wird immer grösser, die gesundheitlichen Folgen kennt kein Mensch. Wie bringt uns die Industrie um? Warum hören wir nicht endlich auf extrem gefährliche Schadstoffe zu produzieren und fossile Brennstoffe zu verheizen? Warum können wir nicht unsere politische Abhängigkeiten von der Industrie stoppen und Lobbyisten einschränken mit Offenlegungspflicht, was sie tun. Wie können wir die Korruption endlich stoppen und die Gier nach Geld durch die Politiker und Manager-Nieten in Nadelstreifen aufhalten. Warum dürfen Grosskonzerne in der Lebensmittelbranche, Politiker mit Entscheidungen auf Wasserrechten kaufen? Warum ist Trinkwasser und Strom kein kostenloses Gut für alle Menschen auf der Welt? Warum müssen immer noch 805 Mio. Menschen auf der Welt hungern? Das Essen reicht für alle, wenn wir es nicht wegwerfen und an der Börse unsinnigerweise handeln. Warum zieht uns die Pharmaindustrie mit Ihren Schulmedizinern in ihre Medikamentenabhängigkeit und verschlimmert dadurch noch unsere Krankheiten? Die Klimakatastrophe, sowie die Umweltkatastrophe sind schon länger vorhanden, es ist 5 nach 12 Uhr, dem entgegenzuwirken bedarf sofortiger Handlungen, insbesondere Handlungen und sofortige Umsetzungen der Politik unter gesetzlicher Anweisung für die Industrie. Falls nicht sofort gemeinsam - weltweit - gehandelt wird, wird sich die Welt innerhalb der nächsten 20 Jahre drastisch verändern, viele Menschen sterben, da unter den dann herrschenden Klimabedingungen das Leben für Mensch, Tier und Pflanzen wesentlich lebensbedrohender wird als wie wir es kennen. Die jetzigen Auswirkungen sind ja allgemein bekannt. Es muss ein sofortiges Umdenken aller Menschen und sofort eine fünfte industrielle Revolution eingeleitet werden, damit die existierende Klimakatastrophe wenigstens abgeschwächt werden kann. (wie in meinem gleichnamigen ersten Buch beschrieben). Wir Menschen müssen wieder zu Menschen werden und unser Konsumverhalten, Nahrungsmittelverhalten und Freizeitverhalten drastisch runterschrauben. Das Buch handelt auch von unserer real existierenden Klimakatastrophe und deren Auswirkungen auf Mensch, Tier und Natur. Die Frage ist nicht ob, sondern wann die Auswirkungen unserer hausgemachten Klimakatastrophe so zuschlagen, dass erstens ein Drittel der Gesamtheit aller Menschen auf der Erde zu Klimaflüchtlingen werden und der Rest versuchen wird irgendwie zu überleben. Die Klimaflüchtlinge haben nur noch ihr Leben zu verlieren, da sie schon alles andere verloren haben. Die anderen Zweidrittel der Menschheit müssen sich mit Waffen und hohen Mauern an Grenzen verteidigen, da diese um Weiterleben suchenden Klimaflüchtlinge alles versuchen werden, in ein Stückchen Land zu gelangen, indem sie sich erhoffen wenigstens noch was zu Essen bekommen. Der Krieg um Verteilung von Nahrung und Rohstoffen hat ja bereits begonnen, warum werden Wasserbrunnen von grossen Lebensmittelkonzernen feindlich übernommen, abgezeunt und das Trinkwasser dann den armen, einheimischen Menschen in Wasserflaschen wieder verkauft? Warum werden Nahrungsmittel wie Reis, Weizen, etc. an der Börse gehandelt und damit spekuliert dass bei einer lokalen Hungersnot oder bei knapper Produktion die Preise steigen? Das Ungleichgewicht zu den Menschen die Nahrung haben und im Überfluss leben und den Menschen die nichts zu Essen haben ist zu gross geworden. Alle zehn Sekunden stirbt ein Kind unter fünf Jahren an den Folgen von Hunger. Über 800 Millionen Menschen hungern, Nahrung ist ein Menschenrecht, sowie kostenloses und sauberes Trinkwasser und Strom Grundrechte sind. Was unsere Rechte und Wohlstand angeht, werden wir diese in den nächsten Jahren - auch unter Gewaltanwendung - verteidigen müssen, da ja unser Konsum in vielen Ländern übermäßige und perverse Ausmaße angenommen hat, werden wir gezwungen unseren Konsum wieder runter zu schrauben. Beispiel Afrika: die Menschen geben sich mit dem zu Frieden was zu haben und das ist oft nicht viel, die Menschen in wohlhabenden Länder hingegen verseuchen uns mit überhöhten CO_2 Ausstößen und Plastikkonsum. Egal Geiz ist ja geil, fliege ich eben mal für 5 EUR für einen Nachmittag auf eine Insel. Massentourismus läßt unsere Städte und die Natur ausbluten. Warum können wir nicht unser Konsumverhalten drastisch ändern? Reicht nicht ein Wasserstoffauto, müssen es drei Diesel sein? Muss es jeden Tag Fleisch sein, reicht nicht einmal in 10 Tagen oder vegan sich zu ernähren? Müssen wir durch rauchen, Alkohol trinken und ungesunder Ernährung unser Krankensystem mit Krebsoperationen und anderen belasten? Uns reichen Ländern geht es zu gut, wir sind arrogant, der Natur gegenüber respektlos und bringen brutal die armen Tiere aus Massentierhaltung um. Das Ende unserer Konsum- und Wohlstandsskala ist erreicht, wir müssen runterschrauben: jetzt und sofort. Ab sofort dürfen wieder atomare Mittelstreckenraketen auf dem Kontinent stationiert werden – der INF-Vertrag ist ja beendet. Gibt es nun eine massive atomare Aufrüstung? Erlebt die Atombombe ein Comeback? Droht gar die Spaltung der NATO? Trump hatte die Rückendeckung der Nato-Partner, inklusive der Bundesregierung. Das Bündnis wirft Russland vor, den Vertrag gebrochen zu haben. Konkret geht es dabei um die Stationierung von 60 Raketen des Typs 9M729. Die Nato unterstellt Moskau, die Raketen hätten eine Reichweite von 2000 Kilometern. Das wäre laut INF-Vertrag verboten. Der Kreml behauptet, die Raketen hätten nur eine Reichweite von erlaubten 480 Kilometer. Die USA entwickeln gerade neue Mittelstreckenraketen, auch mit Blick auf China. Es besteht die Gefahr, dass die Sicherheit Europas von der der USA abgekoppelt wird, da sich die russischen Raketen atomar bestücken lassen, und mit 2000 Kilometer Reichweite jede europäische Hauptstadt bis auf Lissabon erreichen, aber nicht die USA. Ein neues atomares Wettrüsten und ein Kalter Krieg 2 ist schon im Gange.

Kapitel 1

Was verkauft uns die Industrie alles an Giften, Medikamenten, Nahrung und Strahlung?

Wir alle kennen das CO_2 Problem, auch kennen wir das Problem von Stickoxiden aus den Autoabgasen und Kraftwerken. Dazu kommt der allgegenwärtige Feinstaub aus Automotoren, Bremsen, Reifen, Laserdrucker, etc. Feinstaub ist praktisch überall. Feinstaub ist so klein, dass ihn die natürlichen Schmutzfilter des Körpers, wie Schleimhäute und Flimmerhärchen, nicht aufhalten können. Atmen wir ihn ein, gelangt er je nach Größe an unterschiedliche Stellen im Körper in die Bronchien und Lungenbläschen und feinsten Endverzweigungen, die kleinsten Teilchen gelangen in das Lungengewebe und somit in den Blutkreislauf. Die Luftverschmutzung aus dem Verkehr ist einer neuen Studie zufolge für rund 13.000 vorzeitige Todesfälle jährlich in Deutschland verantwortlich. Laut einer veröffentlichten Untersuchung des umweltnahen Forschungsinstituts International Council on Clean Transportation (ICCT) kommt Deutschland damit auf den vierten Rang weltweit. Nur in China (114.000), Indien (74.000) und den USA (22.000) sterben demnach mehr Menschen vorzeitig an Krankheiten, die durch Ozon und Feinstaub ausgelöst werden. Herzkrankheiten: Eine europaweite Untersuchung des Helmholtz Instituts für Epidemiologie kam 2015 zu dem Schluss: Wer über lange Zeit Feinstaub ausgesetzt ist, hat ein erhöhtes Risiko für eine koronare Herzkrankheit, also eine Erkrankung der Herzkranzgefäße. Damit steigt unter anderem die Wahrscheinlichkeit, einen Herzinfarkt zu erleiden. Chronisch obstruktive Lungenerkrankungen und Lungenkrebs: Auch ein Zusammenhang zwischen den kleinen Partikeln und "Stickoxide" ist ein Sammelbegriff für Stickstoffmonoxid (NO) und Stickstoffdioxid (NO2), zwei giftige Gase. Sie gelangen vor allem durch Verbrennungsprozesse in die Umwelt, etwa in einem Kraftwerk, in den Motoren von Fahrzeugen oder zuhause beim Heizen mit einem Kamin. Auch Kerzen, Gasherde, Ölöfen und Zigaretten stoßen Stickoxide aus. Stickstoffdioxid reizt die Augen und gelangt über Mund und Nase in den Körper. Dort greift es zunächst die Schleimhäute der Atemorgane an und dringt dann tief in den Atemtrakt ein, wo es Zellschäden im Lungengewebe und entzündliche Prozesse verursachen und die Bronchien reizen kann, warnt das Umweltbundesamt. Stickstoffmonoxid stört dagegen weniger das Lungengewebe als die Gefäße. Es wird mit dem Blut im Körper verteilt und kann die Blutgefäßspannung beeinflussen. Mögliche Folgen sind Infarkte und Schlaganfälle. Da der Körper auch selbst Stickstoffmonoxid als Botenstoff bildet, können von außen zugeführte Mengen die natürlichen NO-Prozesse im Körper stören.

Das Umweltbundesamt warnt vor vielfältigen gesundheitlichen Folgen, etwa Atemnot, Husten, Bronchitis, Lungenödem,

steigende Anfälligkeit für Atemwegsinfekte und Allergien

Lungenfunktionsminderung

Herz-Kreislauf-Erkrankungen wie Herzinfarkte und Schlaganf fälle und höhere Sterblichkeit.

Gefährdet seien besonders Menschen, die bereits geschädigte Atemwege haben. Europaweit wurde für Stickstoffdioxid ein Grenzwert von 40 Mikrogramm pro Kubikmeter festgelegt, doch schon geringste Mengen sind laut der Umweltbehörde bedenklich: „Aktuelle Studien weisen darauf hin, dass es für NO2 keinen Schwellenwert gibt, unterhalb dessen gesundheitliche Auswirkungen ausgeschlossen werden können. Somit muss auch bei niedrigen NO2-Werten von negativen Auswirkungen auf die Gesundheit ausgegangen werden."

Das vergessene Halbmetall Antimon

Antimon ist ein natürliches Halbmetall und höchst krebserregend. Es wird zur Herstellung von Polyester-Stoffen, PET-Flaschen, Plastikverpackungen aller Art, Autoreifen, Schießanlagen, Autobremsen und vielen Spielzeugen benutzt. Über Lebensmittel, Trinkwasser, Atmung und Haut nimmt man es auf. Schon 2003 stufte die Weltgesundheitsorganisation (WHO) Antimon als krebserregend ein. Es kann in hohen Konzentrationen zu Herzproblemen, Lungenkrankheiten, Durchfall, Erbrechen und Unfruchtbarkeit führen. Hier muss ein sofortiges EU-Verbot her. Unbedingt sollte man ändern: Getränke aus Glas- statt aus PET-Flaschen trinken und in Plastik verpackte Lebensmittel meiden. Beim Sport statt des Polyester-Trikots einfach ein Baumwoll-Shirt wählen. Matratzen nur mit Antimon-freier Herstellung benutzen. Zu den o.g.Giften kommen natürlich noch eine Reihe anderer Gifte aus Autoverbrennungsmotoren, Kraftwerken und der Industrie. Nicht nur die krankmachende Strahlung unseres Telefonnetzes mit Wlan, etc., sondern auch die allgegenwärtigen Stromleitungen, sowie reichlich andere Schwermetalle. Es ist wissenschaftlich nachgewiesen, dass Menschen wesentlich häufiger und früher an Krankheiten sterben, insbesondere Menschen die in der Nähe einer Stromleitung leben, oder Menschen in Städten, oder Menschen die neben Kraftwerken und vor allem Müllkraftwerken leben. Es besteht heute noch keine technische Möglichkeit gezielt und aussagekräftige Messergebnisse unserer Luft durchzuführen, insbesondere die vielen schädlichen Schwermetalle von Müllverbrennungsanlagen und Kraftwerken, sowie der Ausstoss gefährlicher Metalle an Autos, wie z.b. Antimon aus Bremsen und Reifenabrieb. Wie werden die Abgase von Müllkraftwerken und anderen Kraftwerken in einer Entfernung von 30-100 km gemessen? Der schädliche Schwermetallregen muss doch irgendwo runterkommen. Eine Messung am Schornstein reicht meiner Meinung nach nicht aus. Die Industrie verkürzt mit Ihrem Ausstoss und schädlichen Gasen und Metallen unser aller Leben. Verbrennungsprozesse müssen durch CO_2 freie Herstellungsprozesse sofort ersetzt werden. Hier möchte ich mein eigenes Beispiel einbringen, wir bieten an: CO_2 freie Plasma Geothermalkraftwerke, diese nutzen den Dampf tief in der Erde und leiten ihn auf eine Dampfturbine, Strom kostet somit nur 1,5 Cent / KWh. Nachzulesen in: www.tuba-ag.com. Auch können wir aus Altpapier und alten Akten CO_2 freie Zellulose herstellen. Diese wird dann für die Gebäudedämmung mit natürlichem Brandhämmern eingesetzt. Polystyrol und Dämmstoffe mit chemischen Brandhemmern müssen der Vergangenheit angehören, die Entsorgung und Herstellung ist extrem umweltschädlich. Warum schreitet die Politik nicht voran und fördert und zwingt Unternehmen per Gesetz CO_2 frei herzustellen? Wir alle sind doch Sklaven der Industrie, eigentlich sollte die Politik die Unternehmen entsprechend regieren, nicht umgekehrt. Warum verzeichnen wir 30 Lobbyisten auf 1 Politiker? Warum dürfen Politiker in Aufsichtsräten sitzen, in denen erst Grenzwerte und die Gewinnmaximierung vereinbart wird? Bezahlte Lobbyisten machen Politik in Deutschland, eine freie, nicht befangene Politik ist so nicht möglich. Kein Wunder dass alle jungen Leute nicht mehr die einst grossen Parteien wählen und diese abrutschen auf Splitterparteilevel. Die Industrie macht mit uns was sie will, sie lügt, betrügt, klaut, fälscht und geht über Leichen. Auch macht uns die Industrie abhängig, z.B. die Lebensmittelindustrie mit chemischen Geschmacksverstärkern und die Pharmaindustrie mit all ihren chemisch hergestellten Medikamenten, insbesondere sind ja über 4 Mio. Menschen in Deutschland abhängig von teuren Psychopharmaka, einmal von Ärzten leichtsinnig verschrieben, immer einzunehmen. Falls man doch mal versucht die Medikamente abzusetzen, ist dies kaum möglich wegen der erheblichen Nebenwirkungen. Es gibt ja tausende von Beispielen, bei den Lebensmitteln aus der Grossindustrie gibt es kein Lebensmittel was 100 % rein und gesund ist. Das bringt uns um. Nur wenige Beispiele: Der Verpackungs-Plastikwahn. Es gibt ja kaum noch Obst und Gemüse was nicht mit Plastikfolie eingepackt ist, dazu kommen Salate und andere Lebensmittel. Abgesehen von der ungeheuren Dummheit alles in Plastik zu verpacken, gibt es 2 grosse Probleme. Einmal der Plastikmüll, zum anderen noch viel schlimmer: in Plastikflaschen, in Plastikverpackungen, Spielzeug, Kleider, Matratzen, etc. befinden sich Weichmacher und Antimon, das giftige Metall. Beides ist krebserregend. Das weiss die Industrie schon lange, naja, ist ja billig und der Profit wird gesteigert. Gier frisst Hirn. Nicht nur das die Industrie hergeht, einen korrupten Politiker mit 500 EUR in Afrika besticht, nur um an die Brunnenrechte zu kommen, sondern die sperren alles ab mit einem grossen Zaun und die eigene Bevölkerung klebt nach Wasser schreiend am Zaun. Geld der einheimischen Bevölkerung ist ja nicht vorhanden, damit sie ihr eigenes Wasser in Plastikflachen abgefüllt, kaufen können. In vielen Messungen ist nachgewiesen, dass wir in sehr vielen Lebensmitteln krebserregendes Unkrautvernichtungsmittel mitessen. Wir können uns den Giften nicht mehr entziehen, so auch der Zitronensäure. Die Verwendung von Zitronensäure in der Lebensmittelindustrie hat extreme Ausmasse angenommen, denn sie zählt mittlerweile zu den wichtigsten Zusatzstoffen im Bereich der Lebensmittelherstellung. Das ist auch nicht verwunderlich, da Zitronensäure über einige technologisch wichtige Eigenschaften verfügt. So überzeugt sie die Hersteller von Fertigprodukten durch ihre Funktion als Konservierungsstoff und Komplexbildner ebenso wie als Säuerungsmittel, Säureregulator sowie Schmelzsalz. Zitronensäure ist in fast allen industriell hergestellten Lebensmitteln enthalten wie z.B.: Fruchtsäften, Limonaden, Eistees, Süsswaren, Gummibärchen, Speiseeis, Marmeladen, Dosenfrüchten, Käse, sowie vielen anderen Produkten. Als Produktionsorganismen werden ausschliesslich Schimmelpilzkulturen eingesetzt, da sie sich am besten für die Zitronensäureproduktion eignen. Auch die Tatsache, dass die Nährlösung, auf der die Schimmelpilze gedeihen, häufig Antibiotika enthält, ist wenig appetitlich. Diese Medikation soll sicherstellen, dass die Pilze nicht von etwaigen Bakterien befallen werden. Überreste der Antibiotika können dann natürlich auch in die zitronensäurehaltigen Nahrungsmittel und Getränke gelangen. Eine ständige Aufnahme geringer Antibiotika-Mengen kann mit der Zeit zu einer Resistenz führen, die im Krankheitsfall gravierende Folgen haben könnte. Manche Konsequenzen eines häufigen Verzehrs zitronensäurehaltiger Produkte zeigen sich auch recht schnell, wie beispielsweise die Zerstörung des Zahnschmelzes. Zitronensäure fördert die Aufnahme von Aluminium. Parkinson und Alzheimer werden gefördert durch wenn die Zitronensäure eine Verbindung mit Aluminium eingegangen ist. Dann kann dieses

Metall gemeinsam mit der Zitronensäure natürlich ebenfalls ins Gehirn gelangen.Während die Zitronensäure hier abgebaut wird, verbleibt das Aluminium zurück und lagert sich dort ein. Aluminium wirkt hochgiftig auf die Nervenzellen und richtet so verheerende Schäden an. Es ist kein Zufall, dass neurodegenerative Erkrankungen wie Parkinson oder Alzheimer mit Aluminium in Verbindung gebracht werden, zumal bei den entsprechenden Patienten immer wieder erhöhte Aluminiumwerte im Gehirn festgestellt wurden. Ein Zahn lässt sich im Notfall noch reparieren. Das Gehirn jedoch kaum. Eine weitere Eigenschaft der Zitronensäure – ihre enge „Freundschaft" mit Aluminium – betrifft jedoch gerade dieses und begünstigt damit so manche Krankheit, die sich erst im Alter zeigt. Zitronensäure kann in ihrer Eigenschaft als Komplexbildner sowohl Mineralien, wie Magnesium, Calcium, Kalium etc., als auch gefährliche Metalle wie z.B. Blei oder Aluminium an sich binden. Diese miteinander verbundenen Moleküle werden dann als Citrate bezeichnet. Aluminium kann sowohl über die Nahrung aufgenommen werden als auch über die Haut in den Körper gelangen, wie beispielsweise durch die Verwendung bestimmter Deos. Aluminium ist generell sehr gesundheitsschädlich. Wenn sich das Metall jedoch mit Zitronensäure zu einem Aluminiumcitrat verbindet, erhöht sich seine gefährliche Wirkung deutlich. Die zellschädigende Wirkung von Aluminiumcitraten ist bewiesen. Hier wurde festgestellt, dass die Kombination der beiden Substanzen die oxidative Schädigung der Zellmembranen beschleunigt. Aluminium ist auch in Zahncremes, Deos, Medikamenten, Impfstoffen sowie im Leitungswasser zu finden. Parkinson und Alzheimer werden durch Aluminiumcitrate gefördert. Aluminium wirkt hochgiftig auf die Nervenzellen und richtet so verheerende Schäden an. Aluminium ist überall, selbst im Trinkwasser. In Babynahrung und Babytees ist der Einsatz von Zitronensäure erlaubt, so dass Sie hier besonders aufmerksam die Zutatenliste lesen sollten. Mineralöle in Lebensmitteln, Lippenstiften und Recyclingkartons. Sie werden aus Erdöl hergestellt, das in mehreren Schritten gereinigt und aufbereitet wird. Mineralöl ist ein komplexes Gemisch aus gesättigten Kohlenwasserstoffen (MOSH) und aromatischen Kohlenwasserstoffen (MOAH). MOSH haben dabei den größten Anteil. Sie werden vom Körper leicht aufgenommen und können in einigen Organen gespeichert werden. MOAH hingegen stehen im Verdacht, krebserregend und erbgutverändernd zu sein und sollten nicht in den Körper gelangen. Mineralöle sind biologisch schwer abbaubar. Das Kantonale Labor Zürich (KLZH) wies 2010 hohe Mineralölanteile in Recyclingkartons nach, in denen trockene Lebensmittel wie Reis oder Nudeln verpackt waren. Die Mineralöle stammten aus den Druckfarben für die Recycling-Kartons. Das KLZH wies ein Mineralölgemisch in Reis nach, der acht Monate in einer Faltschachtel gelagert hat. Nicht nur in trockenen Lebensmitteln wie Reis wurden Mineralölrückstände nachgewiesen, sondern auch beipielsweise in veganen Brotaufstrichen. Wie die Mineralöle in die von Öko-Test untersuchten Brotaufstriche gelangten, ist unklar. Möglich ist, dass im Fertigungsprozess Schmieröle der Maschinen mit dem Produkt in Berührung kamen. Auch Olivenöl und Schokolade, Vanilleeis, Zwieback und sogar Muttermilchersatz waren in Tests mit Mineralölen belastet. Rückstände von Mineralöl in Lippenstiften, Brotaufstrichen, Schokolade und sogar Muttermilchersatz sind keine Seltenheit. Mineralöle in Kosmetik und Lebensmitteln stehen in Verdacht krebserregend zu sein. Am besten nur Recyclingkartons verwenden, wenn die darin verpackten Lebensmittel entweder nochmals in einem Beutel verpackt sind oder die Innenseite des Kartons mit unbedenklichen Stoffen beschichtet ist. Weniger riskant sind außerdem Kartons, für deren Herstellung unbedrucktes Papier oder Frischfasern verwendet werden. Zur vorbeugenden Instandhaltung unseres Körpers wäre es hilfreich, wenn Sie generell auf Fertigprodukte und gesüßte Industriegetränke verzichten würden, die Zitronensäure beinhalten - Ihrer Gesundheit zuliebe. Natürlich belassene Lebensmittel, ohne Verpackung, ohne Pestizide, ohne Genmanipulation, ohne Zitronensäure, regional von einem kleinen Landwirt des Vertrauens, ist erst mal der richtige Ansatz wenigstens eingermaßen, mit dem vom Boden ausgelaugten Lebensmitteln klar zu kommen. Im Prinzip sind wir eigentlich alle heutzutage krank. Der ein mehr, der andere weniger. Wir alle haben Schwermetalle, Pestizide und andere Schadstoffe im Körper. Es ist kein Wunder das Alzheimer und Demenz im Alter und all die anderen Krebsfälle vorhanden sind. Das hat Gründe, die gilt es zu behandeln. Das fängt damit an, das man es auch will. Viele Menschen möchten gar nicht lange leben, denen ist wichtiger alles zu Essen, viel Alkohol zu trinken und zu rauchen, zu feiern und nichts gewinnbringendes der Menschheit zukommen lassen. Wer nicht unbelassen lebt und täglich seinen Körper mit Drogen und minderwertigem, belastetem Essen mit Gift vollpumpt, muss sich nicht wundern in jungen Jahren entweder zu sterben oder lebenslang nach einer OP den Medizinern ausgeliefert ist. Fast überall auf der Welt machen sich die Menschen keine Gedanken übers Essen und über Ihren Körper, wie er eigentlich funktioniert. Da kauft man lieber ein Schweineschnitzel für 2 EUR und kauft in Plastik verpacktes Obst und diese giftige Limo, mit diesem schädlichen Zucker und ein Paket schädlicher Milch und kauft stattdessen einen Supergrill für 2000 EUR. Das Fleisch aus Massentierhaltung extrem mit Antibiotika verseucht ist, ist ja jedem klar. Auch dass die Tiere (Schweine, Hühner, Rinder, etc.) auf eine extrem abscheuliche Art und Weise, zum Teil krank und mit offenen Wunden und dann unter teils 4 fachen Tötungsversuch unter Angst sterben müssen, ist ja allen bekannt. Egal, wir müssen die Tiere ja nicht selber schlachten. Nicht nur 98 % der armen Tiere werden in der Massentierhaltung unter unmenschlichen und untierischen Verhältnissen gehalten, sondern auch unser täglich Brot ist durch die Anwendung von krebserregenden Pflanzenschutzmitteln gekennzeichnet. In vielen Lebensmitteln sind Pflanzenschutzmittel nachzuweisen. Auch unser Trinkwasser ist nicht frei von Schadstoffen, es enthält Pestizide, Medikamentenrückstände, Nanoplastik, Schwermetalle, etc., trotz Offenlegung der Trinkwasseranalyse durch die entsprechenden Versorger wird uns gesundes Wasser vorgegaukelt. Naja, egal, wir glauben ja alles was die Industrie uns verspricht. Warum sind wir so dumm? Die Industrie macht mit uns was sie will, eine Regulation durch die Politik fehlt. Ich bin nicht gegen die Industrie, ich finde sie gut, aber sie muss CO_2 frei sein, Schadstoffrei und den Menschen dienlich sein. Leider haben unsere Industrie Nieten in Nadelstreifen noch nicht verstanden. Die Zeit Geiz ist geil, ist vorbei, Gewinne um jeden Preis - auch wenn es um Menscheneben geht - muss ein Ende haben, das Geld muss gerecht und gleichmäßig bunter allen Mitarbeitern aufgeteilt werden, die Sklaverei muss ein Ende haben. Die Industrie muss endlich vollkommen aufklären, es muss alles was das Produkt angeht auch deutlich und kenntlich machen, da ist aber die Europapolitik gefragt, damit endlich aufgeklärt wird. Warum werden wir nicht aufgeklärt? Ah, es geht um Geld, Macht und Profit. Warum wird ein noch stärkeres Telefonnetz ausgebaut und keiner kennt die Gefahren von Elektrosmog beim telefonieren mit dem Handy am Ohr, oder WLan zuhause? Warum sterben so viele Menschen, die in der Nähe einer Hochspannungsleitung leben? Schutz vor Elektrostrahlung und Aufklärung können da helfen. Die Elektrostrahlung in unseren Wohnungen durch WLan-Geräte und Stromleitungen, raubt uns nicht nur unseren Schlaf, sondern ist auch gesundheitsschädlich. Naja, wenn dann zwickt, ist ja noch der Onkel Doktor da, der macht das schon, wenn es zwickt, git es eine Pille, zwickt es woanders gibts die nächste Pille, u.s.w. Die wenigsten Schulmediziner gehen an die Ursache der Beschwerden ran, sie schauen nach den Symptomen und Dank der Pharmaindustrie unterdrückt der liebe Onkel Doktor die Schmerzen. Ist ja auch klar warum, viele Ärzte bekommen von der Pharmaindustrie kostenlose Medikamente, diese werden dann zum anfüttern an die armen Patienten gegeben, dies trifft insbesondere für Psychopharmaka zu. Einmal eingenommen, immer abhängig, ist doch klar, bringt ja gutes Geld. Und durch die ganzen Nebenwirkungen wird man ja erst richtig krank, sodass man von einem zum anderen Onkel Doktor rennen muss. Das füllt aber alle Kassen, nämlich die der Pharmaindustrie, die der Ärzte. Die Lebensmittelindustrie tut ihr nötiges dazu, mit den krankmachenden Lebensmitteln rennen wir wieder zum Onkel Doktor mit unseren Beschwerden. Das geht soweit, bis wir Alzheimer, oder eine schwere psychische Krankheit bekommen, naja mit der Demenz vergessen wir ja vieles wieder. Der Kreislauf ist geschlossen und funktioniert und füllt die Kassen der Industrien. Verunreinigte Lebensmittel-verunreinigte Luft-verunreinigtes Trinkwasser-Krank-Onkel Doktor-Pharmaindustrie-Krankenhaus-Altenheim. Wer hat Interesse an gesunden Menschen? Keine Krankheit, bis 120 Jahre leben. Keine Abhängigkeit von Kartellen und Monopolisten wie Stromversorger, Automobilindustrie, Gesundheitswesen. Unsere Industrie in der jetzigen Form hat kein Interesse irgend etwas zu ändern, läuft doch gut, die Kohle kommt rein und man spricht sich überall schön ab und hält die Preise hoch. Wenn die Geldgier der Unternehmen krankhafte Züge annehmen, dann wird mal eben ein Giftkonzern gekauft und hofft auf noch mehr Kohle. Gott sei Dank, die Menschen werden langsam schlauer. Sie stehen auf, kämpfen für ihr Recht, da sie mit Pflanzenschutzmitteln vergiftet wurden und: bekommen Recht und Schadensersatz. Mittlerweile müssen immer mehr Konzerne Schadensersatz leisten, das betrifft alle Branchen wie Gesundheitswesen, Automobilindustrie, Pharmaindustrie und wohl demnächst auch vermehrt die Lebensmittelindustrie. Wenn wir nicht sofort alle aufstehen und nun endlich kritisch handeln, dann kommen wir aus dem Hamsterrad nicht mehr raus. Die Industrie richtet sich nach den Bedürfnissen der Verbraucher, wir entscheiden, was, wann, wo, wie von uns gekauft wird. Wir müssen über unsere Gesundheit entscheiden, also auch über unsere Luft- und Trinkwasserqualität. Wir müssen bei den Autos anfangen. Elektroautos sind wahre Verlierer in der Energiebilanz. Die Lithium Materialien für die Batterien werden von Kinderhand erbracht. Der Strom für das Fahrzeug kommt oft aus Atomkraftwerken, der Elektrosmog im Auto ist gesundheitsschädlich, u.s.w., diese Technologie kann nur eine kurze Übergangstechnologie sein. Mit Algenbatterien und günstigen E-Autos haben wir Brückentechnologie. Wasserstoffautos sind schon lange marktreif, es gibt ca. 55 Tankstellen in Deutschland und der Wasserstoff kann grün hergestellt werden.

Kapitel 2

Was nehmen wir an Giften auf?

Die Antwort ist recht einfach: alles was es gibt auf der Welt. Krebserregende und krankmachende Gifte sind immer und überall in chemischen Tabletten, industriell hergestellte, verpackte Nahrungsmitteln, chemisch hergestellte Kosmetika und Reinigungsmittel, Duschgel, Zahnpasta, Matratzen, Plastikverpackungen, mit Pestiziden verseuchtes Obst und Gemüse, mit Antibiotika verseuchtes Fleisch, u.s.w. mit einer schier endlosen Auflistung. Es wundert nicht dass wir fast alle krank sind, Krebs oder psychische Probleme haben und Demenz sind. Wir gehen einfach hirnlos in irgend einen Supermarkt und kaufen was uns die Werbung suggeriert hat, nämlich nur in Plastik verpackten Mist. Der Nahrungsmittel-Nährwert geht oft gegen Null, dafür aber die Schwermetall und Schadstoffkonzentrationen welche aus Kunststoff und anderen Materialien austreten gehen gegen 100 %. Was wir einkaufen liegt an uns, es geht auch anders, nämlich so, dass unser Darm nicht Schwermetalle, Pflanzendünger, Kunststoffe und anderen Mist verdauen muss. Wir sind ja alle schon mit Umwelt- und Nahrungsmittelgiften vergiftet, insbesondere unsere Kinder, wir alle weisen schon mehr oder weniger Schadstoffe in uns auf, da wundert es nicht, dass z.B. in unserem Urin bis zu 75 % der Menschen Pflanzendünger nachgewiesen wird, zusammen mit den vielen Schwermetallen, Nanoplastik, u.s.w., wundert es nicht, dass wir Krebs bekommen und frühzeitig krank und leidend sterben. Nicht nur in Menschen werden Konzentrationen und hohe Konzentration an all diesen Giften und unnatürlichen Zusatzstoffen nachgemessen, sondern auch in fast allen industriell hergestellten Lebensmitteln und Trinkwasser. Da 80% unserer Energie aus dem Darm generiert wird, macht uns ein durch Supermarktessen schwer belasteter Darm krank. Da ja Schulmediziner nach den Symptomen behandeln, werden oft nur Chemiekeulen eingesetzt, diese lösen aber nicht das Problem, sodass wir früher oder später nach mehreren Operationen sterben, wir sterben eher früher. Durch unsere bereits zerstörte Umwelt, kann sich kein Mensch den negativen und extrem gesundheitsgefährdenden Umgebung entziehen. Selbst wenn wir versuchen einen kleinen Wald zu finden, wo man hofft kein Telefonnetz zu haben, ist es schwer sich den permanenten Strahlen zu entziehen. Unsere Luft und unser Trinkwasser sind ja auch schon gesundheitsgefährdend belastet. Bei der Luft haben wir es ja schwarz auf weiss, Stickoxide, Feinstaub, Antimon, Blei, Ruß, u.s.w., was die hohen Werte bewirken zeigen ja genügend Studien in denen ja ein erhöhtes Krebsrisiko beim einatmen unserer gesundheitsgefährdeten Luft bescheinigt wird. Auf die Luftqualität haben wir scheinbar keinen Einfluss, die Industrie lässt sich nicht von der Politik stoppen und macht weiter um den Profit weiter zu steigern. Die Industrie nimmt in Kauf dass Menschenleben direkt und indirekt ausgelöscht werden, naja, die Aktionäre wollen ja verdienen und bekommen ihren gierigen Hals nicht voll genug. Es geht hierzu hunderte von Beispielen, wo die Politik und wir armen Normalbürger einfach zuschauen müssen, wie wir umgebracht werden. Nehmen wir Bangladesch, Indien, Pakistan, China, Türkei oder andere Länder. Zum Beispiel, die Herstellung von Textilien und Matratzen. Heute werden weltweit jährlich etwa 80 Millionen Tonnen Textilfasern verarbeitet, woraus rund 80 Milliarden Kleidungsstücke gefertigt werden. Die Textilindustrie spielt in Europa kaum noch eine Rolle, da sie längst ins Ausland verlagert wurde. Rund 90 Prozent der bei uns verkauften Kleidung stammt grösstenteils aus den Höllen-Fabriken dieser o.g. Länder. Auf den Kleidungsetiketten muss lediglich angegeben werden, welche Fasern verarbeitet wurden. Hierbei kann es sich sowohl um Naturfasern als auch um Chemiefasern handeln. Während Pflanzen und Tiere natürliche Rohstoffe wie Baumwolle, Hanf, Seide oder Wolle liefern, werden Chemiefasern auf Basis von Erdölprodukten (z. B. Polyester und Polyacryl) oder Zellulose (z. B. Viskose und Acetat) hergestellt. Bei mehr als der Hälfte der verarbeiteten Fasern handelt es sich um Synthesefasern und bei rund einem Drittel um Baumwollfasern. Viele Menschen denken, dass von Kleidung, die aus natürlichen Fasern besteht, keine Gefahr ausgeht. Doch dem ist leider nicht so. Welche Giftstoffe stecken in Textilien? Obgleich es den Kleidungsstücken und anderen Textilien nicht anzusehen ist, welche Giftstoffe bzw. Chemikalien sie in sich bergen, hier nur ein paar Beispiele:

1. Alkylphenole gefährden Wasserorganismen

Zu dieser Gruppe zählen z. B. die Nonylphenolethoxylate (NPE oder NPEO), die in der Textilindustrie bei Reinigungs- und Färbeprozessen Verwendung finden. Sie sind wasserlöslich und zerfallen in Nonylphenol (NP), das für viele Wasserorganismen (z. B. Seelachs) giftig ist, in der Umwelt kaum abgebaut werden kann und sich letztendlich im Körpergewebe des Menschen anreichert. NP ist in der EU seit 2003 in der Textilherstellung nicht mehr zugelassen.

Eine Untersuchung der schwedischen Naturschutzvereinigung SNF hat jedoch ergeben, dass diese Giftstoffe über importierte Textilien dennoch in den EU-Raum gelangen. Seit 2005 gibt es zwar auch ein EU-weites Verbot für den Verkauf von NP-haltigen Produkten, da aber nur stichprobenartige Kontrollen stattfinden, ist es unmöglich, die belastete Importware aus dem Verkehr zu ziehen. Diese traurige Tatsache gilt übrigens in Bezug auf alle giftigen Chemikalien, die noch folgen.

2. Weichmacher in Textilien stören die Fortpflanzung

Phthalate werden in erster Linie als Weichmacher für den Kunststoff Polyvinylchlorid (PVC) verwendet und kommen in der Textilindustrie z. B. in Kunstleder, Gummi und gefärbten Textilien zum Einsatz. Phthalate gelten auch als Giftstoffe, da sie bei Säugetieren fortpflanzungsschädigend wirken und u. a. die Entwicklung der Hoden beeinträchtigen. Zudem stehen sie im Verdacht, beim Mann Übergewicht und Diabetes hervorzurufen. Forscher von der University of Michigan School of Public Health und der Medical School in Boston kamen ausserdem zum Schluss, dass Phthalate einen Risikofaktor für Frühgeburten darstellen. Weitere interessante Infos dazu finden Sie hier und hier.

3. Farbstoffe in Textilien lösen Krebs aus

Laut dem Chemiker Michael Braungart, Leiter des Umweltinstituts EPEA in Hamburg, sind nur 16 von rund 1.600 Farben, die in der Textilindustrie zum Einsatz kommen, unbedenklich. Die sogenannten Azofarbstoffe werden hierbei am häufigsten verwendet. Das Problem ist, dass etliche dieser Giftstoffe während der Anwendung gespalten werden und dabei aromatische Amine freisetzen, die als Krebsverursacher gelten. Aus diesem Grund sind Azofarbstoffe in der EU inzwischen in allen Textilien verboten, die mit der menschlichen Haut in Berührung kommen.

4. Flammschutzmittel: Karzinogen und hormonell wirksam

Bromierte Flammschutzmittel (BFR) werden mitunter genutzt, um Textilien feuerbeständig zu machen. Sie können Krebs auslösen und das Hormonsystem schädigen. Laut EU-Recht sind einige BFR (z. B. PBDE) bereits verboten, da sie in Bezug auf die Umwelt als Giftstoff gelten und somit als "prioritär gefährlich" eingestuft wurden.

5. Zinnorganische Verbindungen machen krank

Zinnorganische Verbindungen sind in Schädlingsbekämpfungs- und Antischimmelmitteln enthalten und kommen auch in der Textilindustrie (z. B. in Sportbekleidung, Socken und Schuhen) zum Einsatz, um die durch Schweiss hervorgerufene Geruchsbildung zu verhindern. Einer der populärsten Vertreter heisst Tributylzinn (TBT), das einst beim Anstrich von Schiffen Verwendung fand.

Heute weiss man, dass TBT in der Umwelt nicht abgebaut wird, weswegen es in der EU-Wasserrahmenrichtlinie als Giftstoff eingestuft wird. Laut dem Berliner Bundesinstitut für Risikobewertung (BfR) können zinnorganische Verbindungen das Immunsystem schwächen, die Fruchtbarkeit einschränken und das Nervensystem angreifen. In der EU sind Produkte und somit auch Textilien, die mehr als 0,1 Prozent TBT und andere dieser Stoffe enthalten, mittlerweile verboten.

6. Tenside in Textilien: Schleichende Gifte

Perfluorierte Tenside (PFC) sind in der Textilindustrie weit verbreitet. Sie werden verwendet, um Textil- und Lederprodukte (z. B. Outdoor-Kleidung, Schwimmanzüge) wasser- und schmutzabweisend zu machen. Studien haben gezeigt, dass PFC in der Umwelt nicht abgebaut werden und sich im Blut und im Organgewebe ansammeln. Sie stellen eine Gefahr für die Leber dar, beeinträchtigen das Hormonsystem und stehen im Verdacht Krebs zu verursachen. Einige dieser Giftstoffe sind in der EU bereits gesetzlich reglementiert, was den Einsatz von PFC in Textilien aus Drittweltländern nicht beeinträchtigt.

7. Aldehyde: Krebserregender Giftstoff für den Menschen

Zu den Aldehyden zählt z. B. die chemische Verbindung Methanal – bekannt als Formaldehyd – das Anwendung bei der Herstellung von Farbstoffen findet und Kleidungsstücke wie z. B. Hemden knitterfrei machen soll. Dies ist eine der wenigen Chemikalien, die sogar auf dem Etikett festgehalten werden müssen, falls die Textilien mit der Haut in Berührung kommen und der Grenzwert von mehr als 0,15 Prozent freies Formaldehyd überschritten wird.
Hierbei wird aber auch nur "empfohlen, das Kleidungsstück zur besseren Hautverträglichkeit vor dem ersten Tragen zu waschen", obgleich die Internationale Agentur für Krebsforschung (IARC) der Weltgesundheitsorganisation (WHO) die Chemikalie im Jahr 2004 als "krebserregend für den Menschen" eingestuft hat. Mitunter konnte in einer Studie nachgewiesen werden, dass zahlreiche Industriearbeiter, die dem Giftstoff ausgeliefert waren, an Tumoren des Nasen-Rachenraumes erkrankt sind.

8. Triclosan ist gesundheitsschädlich

Triclosan gehört zu den polychlorierten Phenoxyphenolen (PCPP). Dieser äusserst umstrittene Stoff ist Bestandteil von Desinfektionsmitteln, Kosmetika und Konservierungsmitteln, kommt aber auch in Schuhen, Sport- und Funktionstextilien zum Einsatz, um das Bakterien- und Pilzwachstum zu hemmen. Viele Studien haben bereits bestätigt, dass Triclosan krank macht.

So haben z. B. amerikanische Forscher den Giftstoff im Urin von Schwangeren sowie im Nabelschnurblut nachgewiesen, und eine kanadische Studie hat gezeigt, dass Triclosan bei Frauen zu einer verminderten Fruchtbarkeit führt. Des Weiteren zerstört Triclosan die natürliche Mikroflora der Haut. Das BfR rät von Triclosan ab, da dadurch resistente Bakterienstämme ausgebildet werden können, die Antibiotika unwirksam machen.

9. Schwermetalle in Textilien schaden der Gesundheit

Schwermetalle wie Blei, Cadmium und Quecksilber finden in Farbstoffen und Pigmenten sowie bei der Ausrüstung von Textilien Verwendung. Während Chromverbindungen die Wolle rot färben und Wasch- und Lichtechtheit garantieren sollen, wird Cadmium in gelben sowie roten Farbpigmenten verwendet. T-Shirt-Drucke sind oft mit Blei belastet, und Nickel in Gürtelschnallen oder Reissverschlüssen kann eine Allergie auslösen. Viele Schwermetalle sind gefährliche Giftstoffe, können sich im Körper anreichern und infolgedessen zu irreversiblen gesundheitlichen Schäden führen. Blei und Quecksilber greifen das zentrale Nervensystem an, Cadmium schädigt die Nieren und gilt als Krebsauslöser. Schwermetalle belasten zudem die Umwelt und werden als "prioritär gefährliche Stoffe" eingestuft. Dies ist nur eine kleine Auswahl all der Giftstoffe, mit denen wir tagtäglich über unsere Kleidung und Textilien konfrontiert werden, ohne dass wir uns dessen bewusst sind. Fakt ist, dass es nur für wenige Chemikalien Grenzwerte gibt und Verbote die absolute Ausnahme sind. Selbst das Bundesamt für Risikobewertung gibt zu: "Den Behörden fehlen umfassende Kenntnisse über diese Produkte." Auch werden in den meisten Industrieanlagen, nicht nur in der Textindustrie, sondern auch in allen anderen Industrieanlagen mit chemischen-und Verbrennungsprozessen Gifte freigesetzt, entweder direkt über den Schornstein oder übers Abwasser. Bei Kraftwerks- und Sondermüllverbrennungsanlagen werden viele Schwermetalle erst gar nicht gemessen, schon gar nicht ab 1 Km Umkreis, irgendwo müssen die giftigen Abgase aus Kraftwerken, Aluminiumhütten, Stahlindustrien und der Papierindustrie wieder auf uns einregnen. In der Papierindustrie wird weltweit überwiegend das Papier in einem Nasswaschverfahren hergestellt, dabei kommt teures Frischwasser zum Einsatz und verwandelt sich in schädliches und mit Schwermetallen belastetes Abwasser, diese Abwasser wird oft einfach nur in den nächsten Fluss geleitet, die sterbenden Fische sieht man ja nicht. Anstatt alternativ und umweltgerecht zu agieren, wird einfach der einfache Weg gegangen. Grüne Alternativen gibt es in jedem Industriebereich, in der Papierindustrie wird gerade eine Anlage eingesetzt, welche aus Altakten und Altpapier, ohne Zufuhr von Wasser, also ein trockenes Verfahren, Zellulose hergestellt. Die Zellulose, auch Thermofiber genannt, wird als Dämmstoff in der Gebäudeisolierung eingesetzt, weist einen natürlichen Brandhemmer aus und sollte weltweit eingesetzt werden. Es entsteht kein giftiges Abwasser, Thermofiber kann nach 50 Jahren ohne Probleme in die Papiermülltonne entsorgt werden. Im Moment noch handelsübliche Dämmstoffe wie Polystyrole und Isoliermatten, weisen oft keine Brandhemmer aus und falls doch sind sie chemisch behandelt. Die Entsorgungskosten sind extrem hoch und bei Polystyrolen werden diese sogar noch in Sondermüllverbrennungsanlagen verbrannt. Das ist alles nicht zeitgemäß und äußerst schädlich für unsere Gesundheit, da wir ja die vielen Giftstoffe nicht alle aus unserem Trinkwasser und unseren Abgasen rausgefiltert bekommen. Mit unserem Trinkwasser nehmen wir viele Schadstoffe auf, so auch Schwermetalle, Nanoplastik, Nitrate, Pestizide, Medikamentenrückstände, u.s.w., nicht nur unser Wasser aus dem Hahn, sondern auch das Grundwasser ist mit diesen Giftstoffen belastet. Auch die Massentierhaltung trägt erheblich zu unserer Wasservergiftung bei, auch Schweine,

Rinder, Hühner haben Ausscheidungen und bei diesen Massen an Tieren wird die Gülle oft einfach aufs Feld versprüht, wo anschliessend unser Obst und Gemüse gepflanzt wird. Wo noch irgend ein Leben an Obst und Gemüse vorkommt, wird es einfach mit für den Menschen krebserregenden Pestiziden vernichtet. Wenn dann alles chemisch rein gewachsen ist, kommt noch eine Plastikfolie drum, damit auch diese Folie Ihr Metall Antimon ins Lebensmittel bläst, das passt dann zum Wasser aus einer PET- Plastikflasche, denn nicht nur das Wasser ist meist hochgradig belastet, sondern krebserregendes Metall, Namens Antimon dringt aus der Flasche ins Wasser. Man setzt Antimon bei der Herstellung von PET-Flaschen als Katalysator ein. So ist das eben, was ich nicht sehe, fühle oder schmecke existiert nicht, da kann man ja einfach so weitermachen, der Onkel Doktor richtet das schon mit einer Chemiepille wenn es zwickt. Wer so denkt, lebt nicht lange, falls er doch etwas länger lebt, hat er entweder Krebs, Alzheimer, ist dement, oder vegetiert im Altenheim. Naja, wir haben ja ein super System um den Geldfluss ans Laufen zu halten.(Chemieindustrie-Krank-Arzt-Operation-Pharmaindustrie). Immer schneller werden wir immer kränker, kein Wunder bei dieser hochtoxischen permanenten Schadstoffbelastung auf unseren Körper. Noch können wir atmen, zwar ungesund, aber immerhin. Die Städte versinken in Schadstoffen, wenigstens sollte man die Städte absperren und keinerlei Fahrzeuge mit Verbrennungsmotoren reinlassen. Das belebt die Städte und man kann endlich wieder miteinander kommunizieren und durch das pflanzen von Parkanlagen und Begrünung aller Gebäude, wird die Luft sauberer und kühler was den kommenden steigenden Temperaturen entgegenkommt. Mit der Herstellung von grünem Wasserstoff, könnten Autos umweltfreundlicher fahren. Das Elektroauto kann nur eine kurze Übergangslösung sein, da die Herstellung der Lithium Batterien aus Kinderarbeit geschieht, die Reichweite gering ist, wir Elektrosmog ausgesetzt werden und die Energiebilanz im Vergleich zu vielen anderen Antriebskonzepten äusserst schlecht und unwirtschaftlich aussieht. Abgesehen von den Millionen Elektrotankstellen, welche gebaut werden müssten, ist unser monopolisiertes Stromnetz gar nicht in der Lage ganz Deutschland mit E-Autos auszustatten, man bräuchte ja ein Drittel mehr Kraftwerke als bisher vorhanden. Aber gerade die giftigen Kraftwerke wollen und müssen wir doch verbannen. Leider lässt unser Stromkartell dies nicht zu, die Preise werden uns vordiktiert, Alternativen sind von der Stromversorgergemeinschaft nicht gewünscht, ist doch klar: mit nur einem Stromnetz habe ich ein Monopol und diktiere die Preise, dazu kommen Absprachen der Energieversorger. Der Strom dürfte nur 5 Cent / KWh kosten und nicht über 30. Warum Strompreise senken, wenn ich doch abzocken kann. Wenn das Geld nicht mehr reicht um die Manager Nieten in Nadelstreifen 10 Mio. EUR pro Jahr zu bezahlen, dann werden eben ein paar Anlagen abgeschaltet und der Strom ist wieder knapp. Bei den Atomkraftwerken verdienen Stromversorger 1 Mio. EUR pro Tag, warum abschalten? Kohlekraftwerke verdienen auch nicht viel weniger, warum abschalten? Es werden ja nur ganze Dörfer und Städte plattgemacht, damit die energetisch schwachsinnige Braunkohle geklaut werden kann. Gier frisst Hirn, verseuchen wir erstmal die Luft und Flüsse, was dann in 20 Jahren wird, ist uns egal, Profit machen, jetzt und sofort und über Leichen gehen um jeden Preis. Naja, die Stromversorgter werden ja fürstlich von unseren Steuergeldern und Stromrechnungen bezahlt, da geht noch mehr, nicht nur politische finanzielle Zuschüsse, sondern auch noch politische Unterstützung zum Weitermachen. Die einst grossen Parteien, CDU und SPD können nach meiner Meinung nur überleben und nicht kurzfristig als Splitterpartei enden, wenn nicht sofort ein Maßnahmenkatalog mit unbedingter Einhaltung und Umsetzung den Wählern aufgezeigt wird, insbesondere geht es hier um die jungen Menschen ab 16 Jahren. Diese gehören in die Politik und sollten diese auch mitbestimmten als 20, 30 und 40 jährige. Politiker über 60 Jahre sollten nur noch beratend tätig sein, da ja die gesetzlichen Verordnungen die jungen Menschen im jetzt und heute betreffen, alte Politiker die vielleicht nur noch 10 Jahre leben, schert es wenig was in 20 Jahren auf der Welt los ist. Emissions- und Schadstoffgrenzwerte dürfen nicht von Lobbyisten der Industrie durch manipulierte Studien festgelegt werden. Die von der Industrie bezahlten Studien werden dann sogenannten unabhängigen Instituten vorgelegt, die Festlegung von Emissions- und Schadstoffgrenzwerten dienen lediglich der Industrie, damit diese weiter kräftig produzieren und uns vergiften kann. Das beste Beispiel sind die Grenzwerte der Auto- und

Kraftwerksindustrie. Die Ableitung giftiger Abwässer aus der Textilindustrie, Chemie- und Pharmaindustrie in unser Abwassernetz wird nicht vollständig auf Schwermetalle und andere Gifte kontrolliert. Unsere Abwasserkläranlageen sind überfordert mit dem Zuviel an gesundheitsschädlichen Stoffen und können viele nicht herausfiltern, da unsere Abwasserkläranlagen nicht für die Reinigung von schädlichen Kleinstpartikeln und Nanoplastiken ausgelegt sind. Über das Trinkwasser, über die Luft über unsere Industrienahrung und über den Elektrosmog nehmen wir soviel schädliche und krebserregende Schadstoffe auf, das 100 % der Menschen belastet sind. Der eine mehr, der andere weniger, je nach Verhaltens- und Lebensweise. Das ja 80 % unserer Energie aus dem Darm kommt, beginnen auch fast 100 % unsrer Krankheiten im Darm, abgesehen von den genetisch übertragenden Krankheiten. Schulmediziner betrachten und behandeln unsren Körper meist von aussen und verschreiben bei Krankheitsanzeichen meist Chemiekeulen um die Symptome zu behandeln. Nach meiner Meinung verdient da nur die Pharmaindustrie und der Patient verliert. Nicht nur Geld, sondern auch seine Gesundheit. Wenn ein kranker Mensch nicht Ganzheitlich betrachtet wird, können die Ursachen seiner Krankheit nicht gefunden werden. Es gibt keine Krankheiten: Es besteht nur eine Unterversorgung des Körpers mit Mineralien, Vitaminen und Elementen. 95 % der Menschen leiden an Vitamin D 3 Mangel, Magnesiummangel, Zinkmangel, Eisenmangel und einigen anderen Mängeln. Durch unsere verseuchte Nahrung und Umweltgifte nehmen wir auch hochgiftige Schwermetalle, Nanoplastik, Pestizide und viele andere Gifte auf. Es gilt als sicher, dass 100 % unserer vergifteten Därme Krankheiten und Leid zu uns bringen, wenn der Darm nicht richtig funktioniert, werden wir auf kurz oder lang krank oder sterben. Im Darm befinden sich Milliarden von Bakterien, gute und schlechte, leider überwiegen bei den meisten Menschen die schlechten Bakterien. Da ja die meisten Menschen einen undichten Darm haben, treten die schlechten Bakterien, unverdaute Essensreste und Gifte über die extrem dünne Darmwand in unseren Blutkreislauf. Schwermetalle wie z.B. Quecksilber, Antimon, etc. schaffen es bis in unser Gehirn und treten über die Blut-Hirn Schranke ein und lagern sich ab. Je nach Lebensweise häufen sich die Schwermetalle im Laufe der

Jahre an und es entstehen schliesslich Alzheimer, Parkinson, Demenz. Ist ja auch kein Wunder, da die Kommunikation von Gehirnzellen wesentlich durch Schwermetalle gestört und negativ beeinflusst wird. Da wir uns den Umweltgiften kaum entziehen können, müssen wir alternativ Leben, das kann so aussehen dass man am besten Vegan lebt, nichts verpacktes und industriell hergestellte Lebensmittel kauft, auf Pestizid, somit krebserzeugendes Obst und Gemüse verzichtet, auf Fleisch verzichten: Studien belegen, dass rotes Fleisch Darmkrebs begünstigt. Experten warnen: Darum kann Milch das Krebsrisiko erhöhen. Milch gehört zu den umstrittensten Lebensmitteln überhaupt. Milch und andere Milchprodukte wie Joghurt stehen seit einigen Jahren unter dem Verdacht, für erwachsene Menschen krebserregend zu sein. Es gibt nur noch eine Hand voll Lebensmitteln die wir ohne Pestizide und Schwermetalle zu uns nehmen können, atmen wir Luft ein, nehmen wir schon Schadstoffe auf und da es ja schon immer wärmer wird, fällt uns das atmen auch immer schwerer. Die 24 Stunden Belastungen durch Handynetze und Stromleitungen und dem ständigen ausgesetzt sein der krebserregenden Strahlen, rauben unseren Schlaf, erzeugen Kopfschmerzen und Tinnitus, bis hin zum tödlichen Krebs. Kein Telefonanbieter oder kein Stromerzeuger wird uns jemals auf die extrem schädlichen Strahlen aufmerksam machen. Sowie uns generell unsere gesamte Industrie in Deutschland und die restliche Weltindustrie von oben bis unten verarscht. Es geht denen nur um Gewinnmaximierung, sonst nichts, wenn dann mal ein paar tausend Menschen an Unkrautvernichter sterben, ist es ja nicht so schlimm, die Krankheiten ziehen sich meist über Jahre, bis der arme, kranke Kläger Recht bekommen könnte, ist er schon tot, das ist ja das worauf die Konzerne warten und ihre Fälle aussitzen. Die von der weltweiten Industrie verursachten giftigen Schadstoffe, Autos, Kraftwerke und Fleischaufzucht, etc., tragen nicht nur zu unseren, oft tödlichen Krankheiten bei, sondern da gibt es noch ein ganz anderes Problem: Die Klimaflucht. Dadurch dass wir ja seit einigen Jahren unsere Erdatmosphäre permanent aufheizen, wird es ja immer wärmer und wärmer und wärmer. Temperaturen steigen von 40 Grad Celsius auf 60 Grad Celsius. Die Böden trocknen noch weiter aus, die Trinkwasserbrunnen trocknen noch weiter aus, die Menschen trocknen noch weiter aus. Im Moment liegt noch die Zahl der weltweiten Klimaflüchtlinge im Millionen Bereich, spätestens im Jahre 2025 wird die Zahl der Klimaflüchtlinge die Milliardengrenze erreicht haben, was heisst, das die Klimaflüchtlinge der armen Ländern allesamt mit oder ohne Gewalt in die nicht ganz so heissen Regionen drängen. Aufgrund der Aussichtslosigkeit und mit dem Wissen dass im Heimatland der Klimaflüchtlinge es kein Wasser zum überleben gibt, werden die Klimaflüchtlinge unter Anwendung von Gewalt versuchen das lebensrettende Ufer zu erreichen. Bei geschlossenen Grenzen wird versucht diese zu überwinden. Es wird unter Einsatz seines Lebens versucht Grenzen zu überwinden, eine Rückkehr in die Heimat ist ja auch tödlich, daher wird auch der Tod durch erschiessen an der Grenze toleriert. Die hohe Masse an flüchtenden Menschen aufgrund der von uns verursachten Klimakatastrophe, wird zwangsläufig zu kriegerischen Auseinandersetzungen führen, angefangen mit Grenzabsicherungen durch bewaffnete Soldaten. Wir alle wissen ja, dass zum Beispiel einige Länder in Afrika unter extremer Dürre leiden und Seen austrocknen, seit geraumer Zeit drängt es immer mehr Menschen in die Städte, da Landwirtschaft und Tierzucht nicht mehr möglich sind. Tiere verdursten, Menschen leiden. In Südostasien, als Beispiel Indonesien versinken immer mehr Menschen im Wasser, viele Inseln verschwinden ganz. Der auftauende Permafrost in Russland, Arktis, in den Alpen, u.s.w. lässt die Geschwindigkeit des Klimawandels um ein vielfaches ansteigen, es wird ja nicht nur CO_2 freigesetzt, sondern auch das viel schädlichere CH_4. Ich rechne mit zunächst 1 Mio. Klimaflüchtlingen bis zum Ende des nächsten Jahrzehntes und weitere 3 Mio. Klimaflüchtlinge bis zum Ende des übernächsten Jahrzehntes. Bis zum Jahr 2050 rechne ich mit ein Drittel bis ein viertel der gesamten Menschen an Klimaflüchtlingen. Es geht ab sofort nicht mehr um die Frage, wie vermindern wir unser Klimaproblem, vielmehr: Wie retten wir uns Menschen vor der Klimakatastrophe. Da gibt es Lösungen. Wir müssen jetzt und sofort handeln. Das gelingt nur, wenn wir folgende Änderungen vornehmen: alle Politiker weltweit an einen Tisch, eine fünfte industrielle Revolution (wie in meinem gleichnamigen Buch geschrieben), Verbrennungsprozesse sofort stoppen, Wüsten mit Jatropha Pflanzen begrünen und das Bioöl als Treibstoff verwenden, Grüner Wasserstoff als Treibstoff nutzen, einheitliche Richtlinien für Schadstoffausstösse festlegen, öffnen aller Grenzen, gerechte Verteilung als Ressourcen, Wasser und Nahrungsmittel. Ohne eine fünfte industrielle Revolution wird es kurzfristig zu Kriegen über Wasser, Nahrung, bewohnbares Land und Überleben geben. Schon jetzt schotten sich ja einige Länder gegenüber Flüchtlingen und Klimaflüchtlingen ab und an Grenzen werden Menschen erschossen.

Kapitel 3

Wie können wir den allgegenwärtigen Giften entkommen?

Eine einfache Frage und eine einfache Antwort: Gifte meiden. Es ist gar nicht so schwer giftfrei und damit krebsfrei zu leben, kein Mensch braucht Alzheimer, Demenz oder Parkinson, auch die anderen vielen schwerwiegenden Krankheiten sind meist vermeidbar. Jedoch muss man schon an einigen Schrauben drehen, der Onkel Doktor alleine hilft nicht. Ein paar Anregungen gebe ich gerne, damit man wenigstens einigen Giften entgehen kann. Es ist zwingend notwendig zu wissen, was in unseren Lebensmitteln an Schadstoffen enthalten ist und wieviel oder ob überhaupt meine Mineralien-,Elemente,und Vitaminspeicher gefüllt sind. Dann muss ich wissen wieviel meiner schlechten Darmbakterien ich zu bekämpfen habe. Auch sollten sie sich alle Medikamente auf einen Tisch legen und fragen was man wirklich benötigt, z.B. künstlich hergestellte Blutverdünner schaden eher als sie gut tun, man kann auch ein blutverdünnendes Traubenkernextrakt (OPC) nehmen. Da ja schätzungsweise jeder 2 Mensch weltweit an psychischen Problemen erkrankt ist, erfreut sich die Pharmaindustrie an dem Verkauf der überteuerten Medikamente. Da Psychopharmaka abhängig, krank machen und stoffwechselvorgänge im Gehirn beeinflussen, steuern sie unser Verhalten. Da ja über 95 % der Menschen krank sind, sei es durch einen undichten Darm (gefährliche Bakterien und Schadstoffe gelangen in den Blutkreislauf), oder sei es durch Unterversorgung an Mineralien, Vitaminen und Elementen, der Mensch funktioniert nicht richtig und legt dementes Verhalten an den Tag. Uns muss klar sein, dass mit einer Pille der Pharmaindustrie niemandem geholfen ist, die Symptome werden betäubt, nicht die Ursache bekämpft. Die wenigsten Schulmediziner schauen in unseren Körper, meint wird nur oberflächlich rumgedoktert, ohne die eigentliche Ursache des Problems anzugehen. Warum fragt der Onkel Doktor nicht was wir wann und wo essen? Warum verschreibt er uns nicht unser dringend notwendiges Sonnenvitamin, D3, warum fragt er nicht ob wir neben einer

Stromleitung schlafen oder ein Strommast in der Nähe unserer Wohnung steht, warum fragt er nicht, ob unser Wlan nachts abgeschaltet ist? Warum fragt er nicht ob wir eine schädliche Mikrowelle haben? Der Onkel Doktor schaut oft nicht über den Tellerrand, er ist fixiert auf die eine Auswirkung einer Krankheit und verschreibt sofort Pillen welche Schmerzen betäuben, aber die eigentliche Heilung bleibt auf der Strecke. Für mich sieht eine richtige Untersuchung anders aus, hier nur wenige Beispiele: Nahrungsmitteluntersuchung mit 400 Nahrungsmitteln, Blutanalyse mit Bestimmung der Vitamin,- Mineralien,- und Elementbestimmung. Messung aller Schwermetallwerke im Körper, u.s.w., das der Darm nicht in Ordnung ist, ist ja vielen bekannt, auch bei allen Untersuchungen sind schlechte Bakterien gefunden worden, daher kann man sich erstmal eine Darmuntersuchung sparen, sollte aber dann bei Bedarf mal gemacht werden, damit ist aber nicht die Darmspiegelung gemeint, da man dort nicht alles erkennen kann. Körperliche Untersuchungen sollten mit unseren kleinsten Elementen, Atomen, Molekülen, Bakterien, Viren, u.s.w. beginnen, durch Blutuntersuchungen stellt man auch fest, was an Mineralien, Vitaminen, Spurenelementen im Körper fehlt, die Höhe und Anzahl der verschiedenen Schwermetalleinlagerungen im Körper und Gehirn müssen gemessen werden. Unsere heutige, lebensbedrohende Lebensweise durch schädliche Umwelteinflüsse, gefährlich belasteter Industrienahrung und oft belastetes Trinkwasser, erfordert eine tägliche Zufuhr dringend benötigter Ergänzungsmittel. Unsere ausgedörrte, mit Chemikalien belastete Nahrung ist für unseren Körper nicht mehr gesund, zusammen mit der belasteten Luft sammeln sich im Laufe der Zeit soviel Giftstoffe in unserem Körper an, das wir unweigerlich krank werden, Krebs bekommen und frühzeitig sterben. Dazu kommen ja noch weitere Belastungen durch Elektrosmog und Stress, da ja heute keiner mehr Zeit hat, da wir ja wie Sklaven von unserern industriellen Dienstherren gehalten werden. Werden wir dann krank, werden wir oft durch Schulmediziner noch kränker, schlucken wir erst die erste Chemiepille, folgt oft die nächste, bei Psychopharmaka wird Medikamentenabhängigkeit oft ein ganzes Leben lang von der Pharmaindustrie gewünscht, ist doch klar, fast jeder zweite hat ja eine psychische Erkrankung, die Medikamente mit ihren ewig langen Nebenwirkungen wie z.B. der Tod lassen die Kassen der Pharmaindustrie klingeln. Auch Ärzte und Krankenhäuser arbeiten ja schon lange nach dem Prinzip der Gewinnmaximierung, zu viel verschreiben, zu viel operieren und nebenbei mal schnell einen Multiresistenten Keim in unseren unhygienischen Krankenhäusern eingefangen, naja, wofür gibt es Antibiotika. Leider wirk keins mehr, da wir uns ja mit permanenten Antibiotikaspritzen und mit 98 % des konsumierten, hochgradig mit Antibiotika belastetem Fleisch selbst gegen gefährliche Keime immun spritzen und essen. Wenn wir wüssten was wir alles in uns hineinstopfen, Trinken und über die Luft aufnehmen, würden die meisten Menschen sofort ihre Lebensweise ändern. Jeder will ja ohne Krankheiten 100 Jahre alt werden. Das Problem: die weltweite Nahrungsmittel und Pharmaindustrie, Textilindustrie, sowie Erzeugerindustrie lassen uns im Dummen. Es wird so gut wie nichts vollständig gekennzeichnet, keiner weist auf Schadstoffe und deren Auswirkungen hin, die Industrie bringt uns um, damit ihr Profit weiter gesteigert werden kann. Die Industrie nimmt wissentlich und gesetzwidrig ihr Handeln in Kauf. So auch: Todesfälle bei Pflanzenschutzmitteln, oder manipulierte Automotoren, Einleitungen von giftigen Schadstoffen in Flüssen, Vermüllung aller Meere durch Plastik und anderem Abfall, Verbrennungsprozesse in Autos, Kraftwerke und Schifffahrt, zum Teil mit dem hochgiftigem Schweröl, Abholzung der restlichen Wälder wegen Palmölplantagen und Tierzucht, die Aufzählung geht schier unendlich weiter. Wer ist schuld: Die Manager Nieten in Nadelstreifen mit ihrer unendlicher Gier nach Macht und Geld, da ja Geld Hirn frisst und wir alle in einer Billigpreisspirale leben, tun Lobbyisten und korrupte Politiker ihren Rest dazu. Welcher Politiker stellt sich schon gegen die Industrie? Die könnten ja mit Arbeitsplatzentlassungen drohen. Wie kann die Industrie gezwungen werden ihre Produktinformationen bis ins kleinste offen zulegen? Wie kann man erreichen, dass die Industrie sämtliche Schadstoffe, Produkteigenschaften und Produktionsprozesse offenlegt? Das geht nur mit einer fünften industriellen Revolution. Das geht nur mit einer weltweiten Anpassung und Umstellung von Produktionsprozessen. Das geht nur mit sofortigem Verzicht auf Verbrennungen in Kraftwerken und Automotoren. Die Chemieindustrie muss so umgebaut werden, dass aus all den schädlichen Chemikalien endlich eine chemiefreie, aus der Natur kommende Kräuter, Pflanzen, Algen, etc. eingesetzt und verkauft werden. Selbst mit reinen Algen kann man sich ja schon heutzutage gesund ernähren. Das gleiche gilt für die Pharmaindustrie, min. 90 % aller künstlich hergestellten Medikamente können auf reiner naturbasis hergestellt werden, ist aber nicht gewollt, da man ja mit chemisch hergestellten Medikamenten mehr Geld verdient. Die Industrie hat sich schon verpokert. Grosskonzerne in Chemie- Automobilindustrie und Pharma verloren zum Teil bis zu 50 % ihres Aktienwertes. Warum? Weil die finanzielle Gier der Aktionäre mal wieder größer war als ihr Hirn. Es ist schwieriger geworden heutzutage Menschen zu verarschen, keiner lässt sich mehr bei nachgewiesenen, lebensbedrohenden Krankheiten durch die Industrie einfach ruhig stellen. Nicht nur giftige Pflanzendünger, sondern auch giftige Luft, giftiges Wasser und verunreinigte Fertignahrung machen uns schwer zu schaffen, Kinder gehen auf die Strasse und viele Menschen werden immer skeptischer gegenüber der Industrie und somit auch Politik und haben das Vertrauen in die Industrie verloren. Kein Wunder, da uns ja die Industrie für Dumm hält, uns nicht vollständig informiert und uns in der jetzigen Form nur schadet. Den Giften aus der Luft und dem Elektrosmog können wir nicht entkommen, den Giften in unserem Trinkwasser und unserer Nahrung können wir zu einem Teil entkommen. Was das Trinkwasser an unserem Wasserhahn und in PET-Flaschen angeht, ist dieses ja mit dem giftigen Metall Antimon, Nano Plastik, Nitrate aus dem Grundwasser, Pestiziden, u.s.w. belastet. Wer es sich meisten kann filtert das Wasser, am optimalsten mit einer Doppelumkehrosmoseanlage. Leider habe ich diese nicht daheim, daher reinige ich mein Trinkwasser aus dem Hahn mit einem Kupferbehälter. Gefährlichen Elektrosmog kann man mit entsprechenden Abschirmungen stark reduzieren, dies sind reichlich im Markt zu kaufen. Viele Krankheiten und Schlaflosigkeit kann man durch einfaches Abschälten der Elektrogeräte und Wlan Router verhindern. Da wir ja von verseuchten und ausgelaugten Böden keine gesunde Nahrung erwarten können, helfen of ein paar Mittelchen, welche wir von den wenigsten Schulmediziner verschrieben bekommen. 90 % aller Menschen haben einen D 3 Mangel, das ist unser Sonnenvitamin, da wir aber kaum noch in die Sonne gehen, fehlt uns das und wir gehen ein wie eine Pflanze im dunklem Keller. OPC ist ein Traubenkernextrakt, es verdünnt unser Blut auf natürliche Art und Weise und hilft unseren kranken Zellen wieder auf den Sprung. Es gibt eine Reihe von Mittelchen, die uns helfen, für eine genaue Zusammenstellung ist der Rat eines Mediziners notwendig (nicht Schulmediziner). Vergessene Mittelchen sind zum Beispiel Natron (Seife, Zahnpasta und Duschgel ohne die schädlichen Zusatzstoffe der Chemie und Industrieartikel die wir kaufen, dazu gehört fluoridiere Zahnpasta), da wir meisten Menschen uns ja zu sauer ernähren, ist das die Grundlage auch für späteren Krebs, Krebszellen wachsen schnell mit Zucker und im saurem Milieu. Generell gibt es viele krebserregende und krankmachende Lebensmittel wie Zucker, Milch und Milchprodukte, Fleisch, handelsübliches Brot. und Brotprodukte, Fertigprodukte und viele, viele andere. Was kann man tun? Am gesündesten krankmachende Lebensmittel und Fertigprodukte vermeiden. Basisch ernähren mit frischem, ungespritztem Obst und Gemüse, Kurkuma und Ingwer, Omega 3 und zum gesundwerden: K2, Magensium, Q 10, Jod, Zink, Eisen, Heidekrauttee, DMSO, Süssholzstangen, Nelken, NADH, Chlorella Algen, MSM, Vitamin C, u.s.w., nach Absprache mit einem Mediziner. Bio- Haferflocken und andere, Nüsse, Wurzeln, Pilze, Algen, das alles und noch vielmehr nimmt unser Körper danken auf. Nach meiner Meinung ist es das wichtigste für ein langes, gesundes Leben, dass man weiss wie sein Darm funktioniert. Darm krank-Mensch krank. Viele Menschen haben ohne zu Wissen, einen undichten Darm und wundern sich dann, dass sie permanent krank werden und schwere Krankheiten wie Krebs, etc. bekommen. Durch einen undichten Darm, gelangen durch die „Löcher" in der dünnen Darmwand jeder Menge schädlicher Bakterien, unverdaute Speisereste, Schwermetalle und andere Schadstoffe direkt ins Blut und richten Ihre Schäden im Körper an. Menschen sind schlapp, müde und krank. Durch unsere Fertignahrung gelangen ebenfalls Millionen von krankmachenden Schädlingen in unserem Darm und da ja 80 % unserer Energie aus dem Darm kommt, brechen wir bei weiterer Übersiedlung der schlechten Bakterien gegenüber den guten irgendwann schmerzhaft zusammen. Es gibt eine Reihe von Möglichkeiten seine Darmflora wieder ins Gleichgewicht zu bringen, dies sollte der Beginn einer jeden guten Behandlung sein. (Man kann sich auch selbst behandeln, Literatur gibt es ja genug, was viele unterschätzten: der Körper hat enorme Selbstheilungskräfte. Am besten man lebt mit einer vorbeugenden Instandhaltung seines Körpers und betrachtet ihn und seine Umwelt ganzheitlich, da meine ich, dass das soziale Umfeld funktionieren muss, da ohne Kommunikation der Mensch wie eine Primel eingeht, sportliche Aktivitäten, jeden zweiten Tag verhindern auch Krankheiten, die richtige Nahrung, das richtige Wasser, die Elektrosmog freien Umgebungen, Sonnenlicht (D3) und ein paar Mittelchen zur Behebung unserer Mangelerscheinigungen. Wer nach den beschrieben Empfehlungen lebt, lebt in der Regel länger.

Kapitel 4

Wie können wir ohne Gifte leben?

Die Antwort ist eindeutig: auf dieser Welt gar nicht. Die Welt ist mittlerweile so sehr durch unsere Industrien und uns Menschen selbst vergiftet, das es ja nur noch darum geht, wie wir nun am besten überleben. Die einzige Möglichkeit noch etwas länger auf dieser Welt zu leben ist eine sofortige fünfte, industrielle Revolution. Wie das ganze aussehen könnte, habe ich ja bereits in meinem gleichnamigen Buch beschrieben. Es geht nur mit einem sofortigen, weltweitem Umbau aller Industrien und endlich ein Miteinander reden der führenden Politiker aller Länder. Gifte sind um uns, in uns, auf uns. Keiner kann sich den Giften entziehen, mehr oder weniger sind unsere Giftspeicher in unseren Körpern halbvoll, voll oder überfüllt. Wenn unser im Leben angehäufter Giftspeicher zu voll ist, werden wir schwer krank, wie z.B. bekommen wir von Quecksilber, Antimon, Aluminium, etc. die bereits erwähnten Krankheiten wie Alzheimer, Demenz und Parkinson. Abgeschoben in die Psychiatrie oder ins Aufbewahrungs-Altenheim geben uns die Pfleger und Ärzte den Rest zum Durchdrehen oder sterben, dadurch dass abhängig machende und teuere Psychopharmaka und andere Chemiepillen verabreicht werden. Welcher Schulmediziner schaut sich Patienten ganzheitlich an? Schaut er nach dem Darm? Schaut er nach der Funktion des Körpers und Auswirkung von Bakterien und Schwermetallen? Warum wird immer noch von Schulmediziner nach dem Prinzip: Schmerz-Symptome - mit Pille den Schmerz bekämpfen-, behandelt? Wirkt die eine Pille nicht, wird eben eine andere ausprobiert, solange bis die Symptome abklingen, die Krankenkasse zahlt das ja schon. Vielen ist nicht bewusst, dass durch die Anwendung von Chemiepillen, insbesondere Antibiotika und Psychopharmaka die Nebenwirkungen und Folgeerkrankungen schlimmer sind als die Behandlung des eigentlichen Problems. Heutzutage gibt es für alle Krankheiten Mittel ohne Nebenwirkungen aus der Natur. Selbst gibt es schon viele Kliniken die auf Naturheilbasis erfolgreich behandeln können, sie werden aber immer noch belächelt, das wird sich bald ändern.

Alleine mit Algen können wir schon jetzt hochwertige Medikamente herstellen, wir können sie essen und sie schleusen unsere Schwermetalle aus unseren Gehirnen. Ich esse lieber eine schwach vergiftete Alge, als hochgradig krebserzeugender Fisch oder Fleisch. In Fischen wurden ja schon lange Nanoplastik und Schwermetalle nachgewiesen, in Fleisch, wie wir alle wissen Antibiotika mit Todesangstschweissgeschmack. Ganz abgesehen von unserem mit Pestiziden und Schwermetallen belastetes Brot- und Brotprodukte. Im Grunde dürften wir nichts mehr essen, nichts mehr trinken und nicht mehr atmen, aber es geht nicht ohne wenn man leben will, jedoch kann es noch nicht zu spät sein, das wir wenigstens noch friedlich und den Umständen entsprechend leben können. Unsere Umwelt setzt uns schon jetzt zu mit steigender Tendenz. Mit der ja stetig steigenden Aussentemperaturen werden immer mehr Seen austrocknen, immer mehr Städte in Fluten versinken, immer mehr Klimaflüchtlinge werden die noch einigermaßen bewohnbaren Orte mit Gewalt erobern. In den nächsten Jahrzehnten werden daher kriegerische Auseinandersetzungen unter den Menschen und der Kampf um Rohstoffe, insbesondere Wasser wird vielen hundert Millionen bis Milliarden Menschen das Leben kosten.

Kapitel 5

Wie können wir unsere Gesundheit schützen?

Die in den bereits nächsten Jahren zunehmenden, lebensfeindlichen Umweltbedingungen tragen dazu bei dass jeder einzelne Mensch auf der Erde versuchen wird, irgendwie zu überleben. Da ja jetzt schon unsere Luft vergiftet, unsere Flüsse und Meere verseucht und unsere Industrienahrung mit versteckten und nicht deklarierten Schadstoffen belastet ist, können wir uns auf Dritte nicht mehr verlassen. Die vierte Industrie bringt uns um, mit schädlichen Abgasen, schädlichen Gewässereinleitungen, schädlichen Beimischungen in Nahrung, grossflächige Verteilung von krebserregenden Pflanzenschutzmitteln, chemische Keulen aller Art wie Tabletten, Konservierungsmittel, billige, krebserregende Zusatzstoffe - Chemie ist überall und bringt uns um -, Einsatz von ausdünstenden Schwermetallen in Plastik, Kleidern, Matratzen, u.s.w., dazu kommen auch Verbrennungen aller Art in Automotoren und Kraftwerken. Die Liste ist schier unendlich. Kein Mensch ist in der Lage sich all diesen krebserregenden und tödlichen Umweltbelastungen zu entziehen, Gifte machen keinen halt vor Grenzen, auch nicht wenn sie einfach nachts aus Ölkolonnen der Pharmaindustrie zur Flugzeugkerosinherstellung über Kamine abgefackelt werden. Wir sind alle unseren schädlichen Umweltgiften schutzlos ausgeliefert, dazu kommen immer höhere Aussentemperaturen und Ozonbelastungen durch das immer größere werdende Ozonloch. Nicht nur dass wir schon jetzt unsere eigenen Körper ruinieren, wir ruinieren unsere Bäume durch Austrocknung und Schädlingsbefall, holzen noch das restliche Stück Regenwald ab, damit korrupte Viehzüchter und Palmölhersteller Kasse machen und graben uns damit unser eigenes Grab. Mit 10 Milliarden Menschen auf der Welt lässt sich so nicht friedlich zusammen leben. Wir werden schon bereits in den nächsten Jahren Überlebenskämpfe um Trinkwasser, Nahrung und besseren Wohnraum haben. Die vielen Milliarden Klimaflüchtlinge haben nichts mehr zu verlieren, da ihnen ja der Lebens- und Arbeitsraum entzogen wurde, in einer mit Wasser untergehenden Stadt, oder einer ausgetrockneten Umgebung kann man nicht mehr leben. Dadurch das auch wohl bereits im nächsten Jahrzehnt auch Ströme, wie der Golfstrom sich verlangsamen und schliesslich abreissen, wird die Klimakatastrophe den Anfang vom Ende besiegeln. Ein Leben wie wir es noch jetzt kennen, wird dann nicht mehr möglich sein und die Menschheit hat es nun dann endgültig geschafft sich bis auf wenige auszurotten. Wer nicht durch Krankheiten stirbt, der stirbt an bewaffneten Grenzen, Wasser, Nahrungsmangel, oder überlebt die extremen Wettersituationen nicht. Das Wirtschaftssystem bricht zusammen und damit stehen wir im dunkeln und warten auf unser Ende. So wird es kommen, ich glaube nicht, dass Politiker und die Industrie auf der Welt sich zusammen setzen und eine sofortige Schadenbegrenzung anstreben. Ich glaube, Menschen sind zu korrupt, zu geizig, zu geldgierig, zu machthaberisch, zu egoistisch um eine fünfte industrielle Industrie sofort anzugehen. Ohne, dass jeder von uns sofort umdenkt, wird eine Schadenbegrenzung unserer Klimakatastrophe nicht möglich sein. Warum brauche ich drei Autos und einen SUV? Warum fliege ich für 5 EUR mit Billigfliegern in den Urlaub? Warum muss ich durch Fleischkonsum den gefährlichen Ausstoss von Methan fördern und Regenwald abholzen lassen? Warum muss ich meine Nuss Nugat Creme mit Palmöl essen, wenn deswegen wertvolle Regenwälder abgeholzt werden? Es gibt ja hunderte von Beispielen wie jeder einzelne von uns die Welt schädigt. Jeder einzelne Mensch sollte einen Klimapass bekommen und wer viel CO_2 und Methan, etc. klimaschädigend verbraucht, der muss auch ordentlich dafür bezahlen, wer weniger verbraucht, zahlt auch weniger. Ob Flugzeug, Auto, Schiff, oder Fleischkonsum, im Klimapass muss es eingetragen werden, somit hat jeder seine Umweltsünde auf Papier und zahl dafür am Ende des Jahres mehr oder wenigerSteuern. Wer Bäume pflanzt bekommt eine Gutschrift. Für die Welt ist es von dringender Notwendigkeit sofort soviel Bäume zu pflanzen wie möglich, am besten sollte sofort, wo machbar ein Drittel des Landes mit Bäumen versehen werden, Städte für Verbrennungsmotoren gesperrt werden, Gebäude komplett begrünt werden. Massentierhaltung mit den hoch klimaschädlichen Methanausgasungen der Tiere, sowie die massenhafte Güllentsorgung muss in gesunder Freilandtierhaltung geändert werden. Dadurch nehmen wir nicht das krebserregende Antibiotika der Tiere und kranken Tiere, ein. Das massenhafte aussprühen von gefährlichen Pestiziden muss gestoppt werden, damit Nahrung und Gewässer nicht mehr belastet werden. Die gesundheitsschädliche Grossindustrie in Fleisch, Obst und Gemüse muss in kleine, lokale Betriebe umgeändert werden. Mit Entlastung der Tiere und Landwirtschaft durch Einsatz schädlicher Antibiotika und Pestizide, sind wir auf einen ersten Weg der Besserung zum schützen unserer Gesundheit. Verbrennungsprozesse stoppen wo es geht, es geht zum Beispiel bei Autos, denn z.b. Wasserstoff kann grün hergestellt werden. Methanol und Wasserstoff können auch übergangsmäßig für Gasturbinen eingesetzt werden. Die weltrettende Lösung sind jedoch CO_2 freie Plasma Geothermalkraftwerke. Der Dampf wird einfach aus der Erde geholt und auf eine Dampfturbine geleitet, es entsteht kein CO_2, da keine Verbrennung. Auch kann jedes Braunkohle- oder Atomkraftwerk mit Plasma Geothermalkraftwerkstechnik umgerüstet werden. (siehe auch: www.tuba-ag.-com). Die im Moment umweltschädlich betriebenen Kohlekraftwerke, sowie Atomkraftwerke und andere Gas- und ölgefeuerten Kraftwerke gehören sofort umgerüstet, bzw. stillgelegt. Strom ist in Deutschland genug für alle da, wir haben ja schliesslich genügend Nachbarn die uns den Strom für 1 Cent pro KWh aus Atomkraftwerken verkaufen. Am sichersten ist eine selbständige, autarke Stromversorgung mit eigenem Stromnetz unter der Erde, die Stadt Feldheim hat es uns vorgemacht. Strom wird selbst grün hergestellt, selbst im eigenen Stromnetz verteilt und es wird reichlich an andere verkauft. Eine Stadt mit 250 MW Verbrauch an elektrischer Energie spart kurzfristig erhebliche Summen an Geld ein, wenn sie ein autarkes Plasma Geothermalkraftwerk mit eigener unterirdischhen Stromleitung betreibt. Nicht nur die Abhängigkeit von unserem Stromnetzmonopolisten gehört der Vergangenheit hat, sondern auch die Gefahr eines Stromnetzausfalles unseres Monopolisten und Preisdiktatur. Man kann auf die Uhr schauen wann unser Stromnetz komplett ausfällt, Dreimal war es schon fast soweit, da ja wegen unserer vielen Windkraft,- Solar und Biomasseanlagen diese Kleinerzeuger das Stromnetz in der Frequenz destabilisieren, hinzu kommt, dass bei radioaktiven Befall das Stromnetz auch ausfällt, bei unterirdischen, autarken Stromnetzen, für jede Stadt eine eigene Versorgung, passiert all dies nicht. Hinzu kommt der gesundheitsschädliche Elektrosmog unseres einzigen überirdischen Stromnetzes. Mit autarker Stromversorgung schützen wir uns vor Elektrosmog, willkürlichen Stromausfall und an der Börse abgesprochene, künstlich überzogene Strompreise. Fliegen, Autofahrten und Schiffsfahrten sind zu billig. Eine hohe Kerosinsteuer für Flugzeuge ist lange überfällig, ein ca. 10 facher Preis für Flugtickets muss als Mindestpreis eingeführt werden, dann zahlt man eben nicht 5 EUR für einen Flug, sondern 50 EUR, das schafft fast jeder Harz vierer. Billigflüge dürfen nicht länger billig sein. Hinzu kommt, dass sofort alle Flächen wie möglich mit der Wunderpflanze Jatropha bepflanzt werden. Die Jatrophapflanze mag es warm und holt ihr Wasser aus der Luft, aus den Nüssen der Jatropha kann man Bioöl für Flugzeugtriebwerke herstellen. Es sind schon reichlich, erfolgreiche Flüge durchgeführt worden. Wenn Jatropha gepflanzt wird, entstehen auf der ganzen Welt neue Arbeitsplätze und die Natur dankt es uns. Mit Jatropha Bioöl nehmen wir kein Essen oder wertvolles Land weg, das sieht bei dem umweltschädlichen Palmöl anders aus. Das wird ja sogar verriet für die Stromversorgung, ähnlich wie wir Raps, Mais, etc. in Biomasseanlagen einfach verheizen anstatt es zu essen. Die Schifffahrt muss sofort auf grüne Treibstoffe wie Flüssiggas, Wasserstoff und Wind umgestellt werden, es kann nicht sein das die alten Schwerölmotoren unbehindert und unkontrolliert mit ihren hochgiftigen, schwermetallbeladenen Abgasen unserer Gesundheit schaden. Auch hier ist die Politik gefragt, damit diese bindende Fristen zur Umrüstung festgelegt werden. Wie schützen wir uns noch? Machen wir was wir tun können: Vegane Ernährung, Sport, Licht und Natur soweit vorhanden, soziale Kontakte pflegen, sämtliche Mineralien, Vitamine und Spurenelemente in unseren Depots auffüllen, 2,5 Liter Wasser aus dem Hahn ohne Kohlensäure trinken, Schwermetalle aus dem Körper ausleiten und den Darm sanieren, ausserdem sollte das Ziel sein, auf sämtliche Chemikalien, chemische Pillen und auf alles unnatürliche verzichten. Es fängt an mit Zahnpasta, Duschgel, im Prinzip allen industriell hergestellten Mitteln und hört auf bei der richtigen Isolierung für Gebäude ohne Chemie und ohne Polystyrole. Versuchen sie mal eine Woche plastikfrei zu leben, das ist ja fast so unmöglich als wenn man zuckerfrei leben will. Wann sind Sie letztes mal Barfuss gelaufen? Die Erde ist negativ geladen, wir sind Positiv geladen, das heisst, dass wir viel Energie in uns hineinsaugen, wenn wir Barfuss laufen. Achten Sie auf die meist mit Antimon verseuchten Textilien, Plastiken, Matratzen, u.s.w., die krebserregenden Ausdünstungen sind nachgewiesen und lagern sich bei uns über die Haut und der Atmung ab. Wenn Sie sich kritisch gegenüber Plastik, Schwermetallen, chemisch hergestellte Medikamente, generell alles chemisch und künstlich hergestellte stemmen, gewähren sie Ihrem Körper, dass er sich erst später und gemäßigt vergiftet, jedoch besteht die Notwendigkeit sich regelmäßig zu entgiften. Ohne frühzeitige Entgiftung des Körpers, insbesondere das im Gehirn vorhandene Schwermetall, sind wir nicht in der Lage ein hohes Alter ohne Beschwerden zu erreichen. Mittlerweile sind ja schon bei den Menschen in jungen Jahren immer mehr Geisteskrankheiten zu verzeichnen, ausgelöst durch Aufnahme giftiger Schwermetalle und anderer Stoffe in das Gehirn, unsere Schaltzentrale schaltet nach und nach immer gefährlicher und unkontrollierter, angefangen mit psychischen Störungen, Demenz bis hin zu Alzheimer und Parkinson. Das ist kein Wunder, da ja Schwermetalle die Kommunikation in unseren Gehirnströmen unterbrechen. Auch Angst und jede andere Art von psychischen Störungen haben drastisch zugenommen, wobei es die jungen Menschen auch schon betrifft. Wen wundert es, wenn die Psychiatrien alle randvoll sind und nicht genügend gebaut werden können, damit man all die armen Umweltkranken behandeln kann. Wer vorbeugt wird kaum krank. Wer auf seine Ernährung achtet wird auch kaum krank. Aber es ist ja einfach vergiftetes und genmanipulierte Nahrungsmittel zu kaufen, die sind ja billig. Hier gilt nicht der Satz Geiz ist geil, sondern Geiz ist tödlich. Wer dann doch mal krank wird, kann sich mit Hilfe der Naturpreparate und selbst wieder heilen. Neben all den grünen Nahrungsmitteln, ist es es auch extrem wichtig nichtig zu atmen, da die meisten Menschen dies verlernt haben und mit ihrer Kurzatmigkeit die Lungen und damit den Körper sehr unzureichend mit Sauerstoff versorgen. Es sind viele Schrauben an denen gleichzeitig gedreht werden muss, damit der Körper nicht unterversorgt wird und aus Entzündungen, schwere Krankheiten werden. Wenn grüne Nahrung gegessen wird, ist es sehr wichtig langsam zu kauen, die Verdauung beginnt bereits im Mund. Die

Nahrungmittel und Chemieindustrie betrügt uns ja mit chemisch und zuckerhaltigen, krankmachenden Lebensmitteln, kein Wunder wenn sich ja Industrien absprechen und uns gemeinsam, langsam umbringen. Nachdem ich nun mein Unternehmen seit über 2 Jahren CO_2 frei ausgerichtet habe, habe ich nun für mich entschlossen auch Plastik und Zuckerfrei zu leben, es fängt ja schon mit Kleinlichkeiten an und man kann auf das meist belastete Zahnpasta und Duschgel verzichten, Alternativen gibt es ja, auch kaufe ich nichts mehr in Plastikverpacktes ein und meide Plastikgeschirr und Plastikverpackungen, sowie alles aus Kunstfasern hergestellte Material, das gute alte Baumwolle T-Shirt tut es auch und ich muss nicht meine Kartoffeln aus Israel einfliegen lassen. Ganz nach dem Motto: zurück zur Natur. Wir müssen endlich viel bewusster und kritischer mit Nahrungsmitteln, Trinkwasser, der Industrie und den Politikern umgehen. Es wird gelogen, betrogen, vertuscht und abgezockt, dass sich die Balken biegen. Warum glauben wir alles was uns die Werbung suggeriert? Oder was uns die Industrie erzählt und verspricht? Wie werthaltig sind die Versprechungen von Politikern? Es ist nun endlich an der Zeit, das jeder einzelne selbst was macht und selbst sein Leben kontrolliert und anstatt dem angeblichen Geldreichtum, den eigenen, inneren Reichtum entdeckt und erkennt, das es sich so viel besser Leben lässt. Schiki Miki war gestern, keiner mag mehr einen echten Pelz um den Hals. Wir müssen uns nun aufstemmen gegen die schlechte Industrie, sonst hat man uns bald unseres hohen Lebenstandarts beraubt. Ich würde gern eine Stiftung gründen, die heisst: Plastikstiftung gegen Plastik. Mit dem eingesammelten Geld kann man Plastikabfälle zu Wasser und zu Land entsorgen und biologisch abbaubare Alternativen als 100 % Ersatz zum jetzigen, chemischen Plastik einführen. Auch könnte das Müllsystem reformiert werden, nicht nur die Wiederverwendung, sondern auch eine bakterielle Vernichtung des jetzigen Plastiks vorantreiben.

Kapitel 6

Wie können wir weltweit die Umweltgifte reduzieren?

Eine Reduzierung unserer Industrie- und Verbrennungsgifte ist nur mit dem sofortigen und kompletten Umbau aller Industrien weltweit machbar. Ohne meine, in meinem Buch beschriebene fünfte industrielle Revolution, ist eine Reduzierung unserer Umweltgifte nicht möglich. Angefangen von der Pharmaindustrie, warum müssen Medikamente aus Chemie bestehen? Es zeigt sich ja an tausenden von Beispielen, dass die Natur mit ihren Pflanzen, Kräutern, Wurzeln, Algen, etc. wesentlich effektiver heilt. Warum muss eine Zigarette Tabak verbrennen? Wir bieten eine rauchlose ohne Verbrennungsprozess an, die Zigarette ist marktreif. Warum müssen Öle, Benzin, Kerosin, Gas und andere umweltschädigende Brennstoffe in dieser extremen Masse verbrannt werden? Das Motto muss lauten: Weg von Verbrennungsprozessen, hin zu Alternativen wie das Jatropha-Bioöl, Wasserstoff, Wind, Geothermie mit Dampf und anderen. Brennstoffe müssen teuer werden indem fossile Brennstoffe weiter besteuert werden und grüne Brennstoffe steuerlich begünstigt werden. Auch in Haushalten müssen Heizungsanlagen mit Wasserstoff, Bioöl, freier Energieanlagen, Windkraftanlagen, Geothermieanlagen, etc. steuerlich stark begünstigt werden. Es ist nicht mehr zeitgemäß Öl oder Gas für die Heizung eines Hauses zu verbrennen, mit einer grünen Isolierung auf Zellulosebasis spart man schon viel Heizkosten, anstatt Polystyrole oder andere chemische Isolierungen einzusetzen. Jeder der seine eigene Heizung betreibt, kann auch seinen eigenen Strom erzeugen, dieser kann verkauft werden, sodass alle zum eigenen Stromversorger werden. Wenn jede Stadt seinen eigenen Strom erzeugt, kann dieser mit unterirdischen Leitungen weiter verkauft werden, so wird jede Stadt zum eigenen Stromversorger und koppelt sich vom Strommonopolisten ab. Die Elektrosmogbelastung sinkt rapide und Krankheiten gehen zurück. Nicht nur Strom, sondern auch unser Trinkwasser ist lebensnotwendig. Wie ja bekannt ist, ist unser Trinkwasser mit Pestiziden, Antibiotika, Medikamentenrückstände, Antimon und anderen Schwermetallen, Nanoplastik, Nitraten, u.s.w. belastet. Die Kläranlagen sind nicht für die Entfernung dieser Partikel ausgelegt. Da ja auch Trinkwasser aus PET-Flaschen, nicht nur mit Nanoplastik, sondern auch mit Antimon, etc., belastet ist, bleibt nur die eigene Reinigung vor Ort mit z.b. Filter, Doppelumkehrosmoseanlagen, trinken aus Kupferbehältern, u.s.w. Wer wenig Schwermetalle und andere Gifte aufnehmen möchte, ist am besten sehr hellhörig, informiert und glaubt keinen Versprechen der Industrie. Die Industrie verheimlicht, informiert unzureichend, weist kaum auf Gefahren hin und will uns nur finanziell aussaugen. Sind wir erstmal durch Nahrung und Wasser krank, dann kommt die Pharmaindustrie mit ihren Chemiepillen, haben wir die genommen müssen wir operiert werden, wenn wir uns dann noch von der Industrie gehaltlich ausbeuten und versklaven lassen, landen wir dann letztendlich in Pflege, da bekommen wir dann den Rest und verkümmern elendig im Altenheim. Selbst da verdient man gutes Geld mit uns, da ja eine Platz ca. 4000 EUR kostet, können wir nicht zahlen, wird halt unser Haus zwangsversteigert, reicht das nicht, müssen halt die Kinder zahlen. Immer mehr Menschen werden aufgrund unserer Umweltvergiftungen und verseuchten Nahrung dement, naja, ist ja ein gutes Geschäft für die Pharmaindustrie, Aufbewahrungsheime und der Bundesregierung, welche mit dementen Menschen Heimverträge abschliessen. Mit einer vorbeugenden Instandhaltung für unseren Körper, werden wir erst gar nicht dement oder anderweitigschwer krank. Es reichen ein paar Mittelchen, bewusste Ernährung, u.s.w., all dies ohne Chemie und ohne die Lebensmittelindustrie. Ist das gewollt? Wenn keiner mehr krank wird, können keine Chemiepillen verkauft werden, keiner wird mehr operiert, keiner wird mehr behandelt, keiner geht ins Altenheim. Sollen wir rauchen, trinken, giftige Nahrung und giftiges Wasser aufnehmen? Wie soll der Wirtschaftskreislauf denn Geld verdienen? Die Alternativen für ein giftfreies Leben existieren ja bereits, warum streuben sich Wirtschaft und Politik so? Warum kann nicht endlich die Politik hergehen und der Wirtschaft sagen, wo es lang geht, warum ist es umgekehrt? Wenn Politiker nicht sofort handeln und endlich aufhören nur Märchen zu erzählen, dann werden wir das Höllenznenario schon in den nächsten Jahren zu spüren bekommen. Hier stellt sich die Frage: was wollen wir?

Baldiger Untergang oder baldige Veränderung unseres Industriesystems, wobei die Industrien lediglich Ihre Art und Weise der Produktion umstellen müssen, das wird sogar zu mehr Profit führen, da ja die Menschen immer intelligenter und mehr werden und auf grüne und CO_2 freie, schadstofflose und chemielose Produkte hoffen können. Es liegt an der Politik die Konzepte, Regularien, Grenzwerte, CO_2-Gutschriften und vieles mehr, nun endlich der Industrie vorzulegen und diese zu zwingen, kurzfristig die Vorgaben umzusetzen. Mir ist jetzt schon klar, das die Politik wieder mal versagt. Bei der Riesenmenge an Atomkraftwerken seit mehr als 50 Jahren, sowie Wiederaufbereitungsanlagen und Endlager, wissen wir alle, das Atomkraft unsicher und umweltschädlich ist. Die vielen Explosionen der Atomkraftwerke mit hoher, weltweiter Freisetzung an Radioaktivität und vielen Todesopfern zeigt, das wir die Probleme der radioaktiven Vergiftung aus Atomkraftwerken und Wiederaufbereitungsanlagen lösen müssen. In Abklingbecken werden radioaktive Fässer einfach gelagert, es werden einzelne radioaktive Brennstäbe im Wasser gelagert. Was machen wir nun nach vielen Jahrzehnten Lagerung in Abklingbecken, diese sind aus Beton und sind auch schon marode. Es ist verantwortungslos von uns Alten, einfach den vielen, nächsten Generationen unsere Probleme der Lagerung radioaktiver Materialien zu überlassen. Wir haben eine Möglichkeit radioaktive Abfälle ins innere der Erde, da wo ja auch die Radioaktivität herrscht, sicher und für alle Zeiten zu entsorgen. Wenn weltweit sämtliche Kraftwerke mit Plasma Geothermalkraftwerke ersetzt werden, sind wir auf dem richtigen Weg zur verbrennungslosen Gesellschaft. Strom muss von jedermann zu einem Bruchteil des heutigen Preises gekauft werden können, auch muss man Strom wieder verkaufen können, das alles wird mit Kryptowährung passieren, da ja Banken meist vom Staat mit viel Geld gerettet werden müssen, obwohl diese ja erst sich selbst durch Zockerei in diese Situation gebracht haben. Wer braucht noch Banken? Eine nur und zwar eine Zentralbank wo die ganze Kohle in cash liegt für den Fall eines wahrscheinlichen Stromausfalles. Ohne Strom kann man zwar noch in cash bezahlen, aber nicht mehr mit Kryptowährung. Das Finanzsystem muss ja am Leben erhalten werden und das geht eben mit einer Cash Reserve im Safe als Sicherheit. Bei vielen explodierten Atomkraftwerken, sowie bei vielen anderen Atomkraftwerken werden permanent Strahlenschutzarbeiten in Form von betonieren durchgeführt. Wir müssen für die vielen nächsten Jahrhunderte unsere atomaren Abfälle und explodierten Atomkraftwerke vor der tödlichen Strahlung schützen. Trotz aller Maßnahmen und dem Betrieb von Atomkraftwerken: Radioaktivität gelangt ins Wasser und in die Luft. Das Problem Atommüll und Atomkraftwerke können wir nicht auch noch unseren Kindern hinterlassen, es reicht ja schon wenn die Ewigkeitsschäden durch den Kohlebergbau mit Bodenabsenkungen und grossflächigen Auspumpungen hinterlassen. Ohne permanentes abpumpen der mit Wasser gefüllten Kohlestollen, werden sehr schnell einige Städte absaufen und im Wasser untergehen. Das abholzen jeglichen Waldes weltweit muss sofort gestoppt werden, es ist ja schon strafbar wenn schlechte Braunkohle, Wälder und ganze Städte brutal dem Boden gleichgemacht werden, nur um mit diesem billigen, extrem schlechten und umweltschädlichen braunen Zeug Strom zu gewinnen? Energieversorger schämt euch, warum denkt ihr nicht an unsere Jugend? Alternativer gibt es zu 100 %, aber warum CO_2 frei arbeiten, wenn man ja auch so bequem viel mehr Kohle machen kann. Für die bereits erwähnten Regenwälder und anderen kostbaren Bäume gilt das gleiche: auch hier wird brutal für blutiges Geld abgeholzt, ob auch die Tiere aussterben oder nicht, egal, die Kohle rollt und es wird schön weiter Palmöl und Fleisch verkauft. Wir müssen der menschlichen Gier nach Geld ein Ende setzen. Das geht nur mit jungen Politikern die auch wissen, was auf dem Spiel steht und die nicht korrupt sind. Klare Gesetze von der Politik, klare Umsetzung in der Industrie. Leider passiert nichts, nicht in der Politik, nichts in der Industrie. Technische Lösungen sind für alle Probleme vorhanden, meist CO_2 frei und umweltfreundlich. Warum werden CO_2 freie Anlagen und CO_2 freie Unternehmen nicht mehr steuerlich gefördert? Warum sieht man der Mafia zu und fördert nicht neue Technologien? Warum werden Kartelle und Monopole zugelassen? Wir alle wissen, dass wenn ein Telefonanbieter die Macht über den letzten Meter Leitung hat, hat er auch das Monopol. Das gleiche gilt für Stromleitungen und Stromeinkauf. Preisabsprachen der Industrie stehen an der Tagesordnung, es gibt hunderte von Beispielen, nicht nur in der

Dämmstoffindustrie, sondern auch in der Müllindustrie, u.s.w., Müll wird ja für gutes Geld eingesammelt, dann werden ca. 85 % verbrannt und 15 % recycelt. Da wir ja Müllüberschuss haben, wird der Müll nach Afrika oder in andere armen Ländern verkauft. Dort wird er extrem umweltschädlich gelagert und die Kunststoffe mit Elektroinhalt werden einfach verbrannt damit wenigstens die Metalle verkauft werden können. Das lukrative Müllgeschäft kennt keine Grenzen, so wird auch Sondermüll in unseren Kraftwerken verbrannt, da ja viel Geld damit verdient wird. Was oben aus dem Schornstein alles so rauskommt weiss kein Mensch genau, es werden nur wenige Schadstoffe gemessen, aber sicher ist, dass krebserregende Schwermetalle rausgeschleudert werden. Dabei wäre es einfacher unseren Müll mit Plasma Müllverbrennungsanlagen zu zerschmelzen, bei den hohen Temperaturen bleiben nur noch kleine Glaskügelchen übrig. Die USA machen uns das bereits wieder einmal vor. Unsere Kraftwerks- und Müllverbrennungstechnologie ist stark veraltet und Bedarf sofortiger Erneuerung. Unsere Dämmstoffindustrie ist mit Polystyrolen und chemischen Dämmatten, ebenfalls veraltet, neue, grüne und im trockenen Verfahren hergestellte Dämmstoffe sind bereits im Vormarsch. Auch ist unser Telefonnetz veraltet, es sind bereits Firmen in Anmarsch die mit Satelliten ein weltweit umspannendes Telefonnetz aufbauen können. Wenn endlich Wasserstoff und andere grüne Treibstoffe als PKW Treibstoff weltweit eingesetzt werden können, werden die Elektroautos immer mehr an Interesse verlieren. Die Autohersteller müssen kurzfristig den Bau von Verbrennungsmotoren zu 100 % einstellen und auf Verbrennungslose Motoren umrüsten. Eine wichtige Reduzierung der Umweltgifte liegt in der Digitalisierung in allen Bereichen. Im PKW Verkehr müssen grüne Autos vollbesetzt und mit einer ausgeklügelten Logistik und digitalisierten Strassenführung ausgestattet werden. Wenn jeder von uns von seinem Egoismus, Geldgierheit, korrupten Verhalten und Konsumverhalten um einiges abspeckt, dann können wir die Auswirkungen der Klimakatastrophe ein wenig nach hinten strecken.

Da müssen aber auch die Industrien weltweit mitspielen und sich einer fünften Revolution unterziehen und die Politiker aller Herren Länder müssen sich endlich konstruktiv an einen Tisch setzen und Klimaabkommen verbindlich unterschreiben, ohne dass sich mächtige Länder aus der Klimaverantwortung schleichen.

Kapitel 7

Wann wird unsere Klimakatastrophe ein Leben auf unserer Erde unmöglich machen?

Die Antwort ist wissenschaftlich belegt: die Emissionen von Treibhausgasen werden ab dem nächsten Jahrzehnt ihren ersten Höhepunkt erreichen, die globale Durchschnittstemperatur wird um bis zu 2 Grad Celsius steigen. Ab 2030 wird eine weitere Erwärmung über 2 Grad erreicht, das ja zusätzlich das Tauen von Permafrostböden weitere Treibhausgase freisetzt und so die globale Erwärmung weiter anheizt. Milliarden Menschen sind somit gleichzeitig betroffen, die Folgen sind ja seit vielen Jahren bekannt: Der Meeresspiegel steigt in den nächsten Jahrzehnten um bis zu drei Meter. Bei all den bisherigen Klimaabkommen, ist und wird kein gesetztes Klimaziel erreicht. Durch die wachsende Weltbevölkerung beschleunigt sich noch unsere Klimakatastrophe. Durch Nicht-Einhaltung der 1,5 Grad Zieles werden aus mehr als 1/3 unserer Erdoberfläche Wüste, dies trifft insbesondere Südafrika, Westasien, dem Mittlere Osten, dem Inneren Australiens und im Südwesten der USA. Aus den Tropen müssen mehr als eine Milliarde Menschen umgesiedelt werden, zusammen mit den anderen Klimaflüchtlingen bilden sie mindestens ein Drittle der Menschheit, die im Kampf ums Überleben alles tun werden, um diesen zu gewinnen. Die se Flüchtlingsmassen würden die Aufnahmekapazitäten aller reicher Nationen erheblich überstrapazieren, es wird bewaffnete Kämpfe um Nahrung, Trinkwasser und erträglichen Wohnraum geben, Grenzen werden mit bewaffneten Soldaten abgeriegelt, Klimaflüchtlinge werden an Grenzen einfach erschossen, kriegerische Auseinandersetzungen zwischen Ländern sind sehr wahrscheinlich, bis hin zum Atomkrieg und letztendlich Auslöschung von uns Menschen mit Hinterlassung einer unbewohnbaren Erde. Wir sind es ja selber schuld: Warum sprechen Politiker nicht miteinander und handeln nicht? Ohne politische Vorlagen und Gesetzgebungen der Politik, ist es nicht möglich unsere Klimakatastrophe abzuschwächen. Weltweit und unter zwingen der Industrie Verbrennungsprozesse zu stoppen, CO_2, Plastik und giftfrei zu produzieren. Die Industrie muss sofort weltweit die fünfte industrielle Revolution angehen (siehe auch mein gleichnamiges Buch). Industrien zu zwingen ihre Industrie- und Prozessgewohnheiten zu ändern, geht nur politisch und mit Geld, da ja Industrien auf so viel Profit wie möglich ausgelegt sind, werden sie alles tun um sich einer Umstellung Ihrer Produktionstechniken zu widersetzten. Verzicht auf Verbrennungsprozesse und Chemie tut erst mal weh. Bekommt man heute einen Arbeiter für 6 EUR die Stunde, steht schon morgen einer für 5 EUR/Stunde vor der Tür, u.s.w. die Industriespirale der Perversität nimmt ja kein Ende, bis zum Schluss z.B. Flugkapitäne ohne Lohn fliegen, sie dürfen ja nicht ihre Lizenz verlieren. Die Industrie ist darauf ausgelegt soviel Kohle zu machen wie es nur geht, alleine die Aktionäre puschen schon entsprechend. Daher wird gelogen, betrogen, verheimlicht und auch erhebliche gesundheitliche Folgen der armen Menschen in Kauf genommen. Nicht nur gesundheitsschädliche Abgasmanipulationen an Automotoren, sondern auch das bewusste anwenden von Chemikalien in Nahrungsmitteln, Kohle, Öl, Gas Verbrennung in Kraftwerken, etc. ist der Fall. Grossflächiger, weltweiter Einsatz von extrem gesundheitsschädlichen Pflanzenschutzmitteln, Vergiftung unserer Kleider, Vergiftung unserer Nahrung und Atemluft, etc., die Liste der uns krankmachenden und todbringenden Gifterzeugungen der Industrie ist lang. Auch holzen Politiker unsere letzten Wälder ab, naja Viehzucht bringt ja Kohle, es gibt ja genug die jeden Tag Fleisch essen müssen, was ungesund ist. Andere Politiker schleichen sich immer noch ganz aus Ihrer Klimaverantwortung. Unsere Klimakatastrophe kann unter den jetzigen Umständen nicht mehr aufgehalten werden, es wird ja bewusst, mit voller Absicht und dem Wissen Menschenleben zu gefährden und auszulöschen, einfach weitergemacht als wenn nichts wäre. Die Industrien gehen über Leichen und verbrennen Kohle, Öl und Gas, verkaufen uns Pflanzenschutz und genmanipuliert Nahrung und haben unser Meer mit Plastik vermüllt. Durch den Plastik und Verpackungswahn schwimmen immer weniger Fische in unseren Meeren, die, die noch schwimmen, sind mit Plastik, Schwermetallen, etc. schwer belastet. Nicht nur die Industrie, sondern auch jeder einzelne von uns ist ja auch für sein Verhalten verantwortlich. Aber wir machen nichts: Politiker treffen sich zum Kaffeetrinken, wenn dann mal was beschlossen wird, wird es nicht eingehalten. Politiker beschliessen Grenzwerte, Embargos, Waldrodungen, etc., was wird eingehalten? Embargos und Waldrodungen, ist ja Industrie, nur beides ist gefährlich für Klima und Weltfrieden. Durch eine industrielle Revolution und sofortiges Handeln von Politikern und anderen Menschen, sowie sofortiges ändern unseres Konsumverhaltens, ist unsere Klimakatastrophe etwas aufzuhalten. Das Meer haben wir bereits zerstört, die Luft haben wir bereits vergiftet, unsere Nahrung und Trinkwasser sind bereits gesundheitsschädlich belastet. Trotzdem leben wir noch. Aber was habe ich von einem Leben mit Krebs, Demenz, Alzheimer oder Parkinson? In den reichen Ländern stehen wir an der Schwelle zur Umkehr. Da unser Wohlstand ein max. erreicht hat, müssen wir nun unseren Lebenswandel überdenken und lernen zu verzichten. Wir können uns nicht auf Politiker verlassen, erst durch eine massive Präsenz von Menschen die Umdenken, wird eine politische Änderung wirksam, in die eine oder auch andere Richtung, die andere Richtung bringt uns nicht weiter, das haben wir bei Onkel Adi gesehen. Die eine Richtung kann nur punkten, wenn endlich die Politik die Industrie kontrolliert und nicht umgekehrt. Verbraucherverhalten zwingt zum Umdenken der Industrie, nach dem Motto stoppt alle Verbrennungsprozesse, damit ein lebenswertes Leben auf der Erde noch in 20 Jahren möglich ist.

Plastikwahn hat die Hoheit über Städte und Meere übernommen, Meeresbewohner, Tiere, Kinder und Erwachsene sterben und erkranken durch unseren Plastikmüll.

Kapitel 8

Wie wird uns unsere Klimakatastrophe hinraffen?

Waldsterben: begann in den 1980er-Jahren und das Absterben des Waldes hatte erhebliche politische, industriepolitische und gesellschaftliche Auswirkungen. Als Ursache stand saurer Regen falsche Bestockung oder zeitweise Trockenheit fest. Es wurde schon damals eine Verbesserung der Luftreinhaltung gefordert. Von der Politik wurden effektive Maßnahmen zur Luftreinhaltung beschlossen, die über das Bundes-Immissionsschutzgesetz zur Luftreinhaltung von 1971 weiter hinausgingen. Dazu gehörte der Einbau von Rauchgasentschwefelungsanlagen in Kraftwerken, die die Hauptemittenten von Schwefeldioxid waren. In der Bundesrepublik Deutschland befand man 1984 gut ein Drittel des Waldes für geschädigt. Ab den 90zigern wurde die Schadstoffbelastung nach Abschaltungen vieler ohne Filter arbeitenden, ostdeutscher Braunkohlekraftwerke etwas reduziert. Der Schwefeldioxidanteil in Höhe von 7,5 Tonnen pro Jahr konnte in Deutschland ebenfalls etwas minimal reduziert werden. Waldschäden treten längst nicht nur in Deutschland auf, sondern in ganz Europa sowie Nordamerika. Weltweit sterben Bäume leise, mehr als zwei Drittel der Laub- und Nadelbäume in deutschen Wäldern sind geschädigt, dies ergibt die Waldzustandserhebung 2018 aus dem Bundeslandwirtschaftsministerin. Unser Wald stirbt und alle schauen zu. Die Auswirkungen der Dürre von 2018 sind in der Statistik noch gar nicht erfasst. „Verantwortlich sind die extrem hohen Stickstoffeinträge aus der Landwirtschaft", sagt Rudolf Fenner, Waldbiologe bei der Naturschutzorganisation Robin Wood. Industriell arbeitende Landwirte düngen Äcker mit Stickstoff, verklappen Gülle auf Feldern, spritzen Jauche in den Boden. Die Stickstoffverbindungen aus Dünger und dem Mist der Massentierhaltung reagieren in der Umwelt. Aus Nitrat wird Nitrit, Gase wie Ammoniak oder Lachgas treiben den Klimawandel an.

Zuerst stirbt der Wald, dann der Mensch

Fischsterben: Von einem Fischsterben spricht man, wenn ein massenhaftes Sterben der Fischpopulation eines Gewässers oder im Meer auftritt. Dies kann einzelne Arten innerhalb der Population oder aber die gesamte Population betreffen. Das aktuelle Fischsterben hat überwiegend mit der von Hitze reduzierten Sauerstoffmangel zu tun und tritt vermehrt dort auf, wo der Mensch in die Gewässer eingreift. Der Mensch ist größtenteils für das Fischsterben verantwortlich, denn er verbaut Ökosysteme. Durch die Wiederherstellung der natürlichen Fliessgewässerdynamiken kann das Fischsterben reduziert werden.

Tiersterben: In der perversen Massentierhaltung leben und sterben allein in Deutschland etwa 745 Mio. Tiere pro Jahr, Stand 2017 (vorläufige Zahlen gemäß Albert Schweitzer Stiftung) – exkl. Fische und Krebstiere. Die meisten Tiere werden gewaltsam an ihren engen Käfigen angepasst: Hörner, Ringelschwänze, Schnäbel und z. T. auch Zähne werden ohne Betäubung gekürzt/abgetrennt. Routinemäßig wird meist Antibiotika gegeben, was wir Menschen dann wieder übers Fleisch zu uns nehmen und immer resistenter gegenüber Krankheiten und Erregern werden. Es wundert nicht das multiresistente Keime bei Menschen nicht zu besiegen ist. Antibiotika aus der Massentierhaltung sind eben nicht so einfach zu toppen, wir müssen einfach mit Antibiotikafleisch aus der Massentierhaltung krank werden und früher qualvoll sterben. All die anderen Tiere im Meer und an Land verenden elendig, werden krank oder sterben an der ganzen Plastikmüllflut die sie im Magen haben. Zuerst sterben die Tiere, dann der Mensch.

Menschensterben: wir sind es ja selber schuld, unsere Industrie fordert immer mehr und immer schnellere Produkte. Das diese Produkte uns krank machen, wenn wir uns nicht schützten, was oft nicht möglich ist, ist ja allen bekannt. Ob Fahrzeuge mit schädlichen Verbrennungsmotoren, ob Kraftwerke mit schädlichen Verbrennungsprozessen, ob Elektrosmog, es gibt so viele Beispiele. Die meisten Menschen nehmen Schädigungen einfach hin, insbesondere was sie nicht sehen, ist für sie keine Gefahr. Das ist ein grosse Trugschluss, angefangen bei tödlicher Radioaktivität, der Luft die wir atmen, hin zu gefährlicher Strahlung an Stromleitungen und Telefonnetzen. Allein das nun neu installierte G 5 Netz der Telefongesellschaften bestrahlt unsere Körper permanent mit gefährlichen, hochfrequenten Strahlen. In Tierversuchen mit Mäusen und Ratten hat man in den USA über 2 Jahre festgestellt, das die Tiere welche mit einer hochfrequenten Telefonstrahlung ausgesetzt waren, an Gehirnkrebs litten und dann verstorben sind. Wir können uns in Deutschland der Telefonnetzstrahlung nicht mehr entziehen, insbesondere in den Städten sind alle paar Meter Mobilfunkmasten installiert. Es ist kein Geheimnis, dass Mobilfunkstrahlen die Hirnströme beeinflusst, die Fruchtbarkeit mindert und Krebs auslösend ist. Mit 5G drohen ernste, irreversible Konsequenzen für den Menschen", warnen mehr als 400 Mediziner und Naturwissenschaftler in einem jüngst veröffentlichten Appell für einen Ausbaustopp der 5G-Technik, darunter auch der langjährige deutsche Umweltpolitiker und Biologe Ernst-Ulrich von Weizsäcker. „Wir wissen nicht sicher, ob die mobile Datenübertragungstechnik gesundheitliche Risiken mit sich bringt, aber wir können es auch noch nicht ausschließen", erklärt er. Hochfrequenzstrahlen erzeugen unvermeidlich weitere, sogenannte nicht thermische Effekte in lebenden Zellen, selbst wenn sie niedrig dosiert sind. Schließlich beruhen biologische Prozesse stets auf elektrochemischen Vorgängen, etwa bei der Übertragung von Nervenimpulsen. Aber die Industrie ist ja Nutzer der G5 Technologie, neue selbstfahrende Autos, neue Computer, neue Landwirtschaftstechnik, neue Haushaltsgeräte, u.s.w. Da wir uns bei den erheblich von der Bundesrepublik festgelegten Grenzwerten gegenüber anderen Ländern abheben, ist wenigstens die Industrie der Gewinner. Eigentlich geht es ständig und immer nur um die Industrie, neue Technik gleich mehr Umsatz, ist ja klar der Markt ist ja in vielen Ländern gesättigt, da muss man sich was neues einfallen lassen, ist ja wie bei der Chemie-, Pharma und Lebensmittelindustrie. Einmal mit Chemikalien und Psychopillen abhängig gemacht, immer Profit. Nachdem wir unsere Wälder und Tiere umgebracht haben, dauert es nicht mehr lange, bis wir uns selbst umgebracht haben. Ohne Wald, ohne Tiere und mit immer mehr werdendem knappen Trinkwasser, wird jeder einzelne seinen Überlebenskampf kämpfen. Da ja die grosse Masse an Klimaflüchtlingen abgewehrt wird, wird die öffentliche Ordnung nicht mehr zu halten sein. Jeder kämpft ums Überleben, klaut, stiehlt und mordet. Wer nicht erschossen oder ermordet wird, wird an Hunger, Durst und der extremen Hitze sterben. Die Industrien können ihre Produktion nicht mehr aufrecht erhalten, da keiner mehr zur Arbeit gehen kann, das Banken und Wirtschaftssystem bricht auch wegen der fehlenden Stromversorgung zusammen. Kriegerische Handlungen nach wenigen Tagen Stromausfall und gewaltsames Eindringen von Klimaflüchtlingen in die einzelnen halbwegs bewohnbaren Ländern sind an der Tagesordnung. Die Mehrheit der Menschen wird unter diesen Umständen und wohl auch Einsatz von Atomwaffen umkommen. Der restlich verbliebene Teil muss sich die wenigen, einigermassen bewohnbaren Plätze auf der Erde suchen und nach Nahrung und Wasser suchen wie in der Steinzeit. Die Menschheit wird in den nächsten Jahrzehnten in die die Steinzeit zurückfallen.

Kapitel 9

Wieviel Menschen werden sterben?

Einem Umweltschutzbericht zufolge gehen etwa 315.000 Tote pro Jahr auf den Klimawandel zurück. Zudem leiden weltweit über 300 Millionen Menschen unter der Erderwärmung. In 20 Jahren soll sich sowohl die Zahl der Opfer als auch die Anzahl bedrohter Menschen dem Bericht zufolge verdoppeln. Demnach würden rund 660 Millionen Menschen von den Folgen des Klimawandels betroffen sein, etwa weil sie ihre Häuser durch Unwetter verlieren oder weil sie unter Wasserknappheit, Hunger oder Krankheiten leiden. Insgesamt seien von einem Anstieg des Meeresspiegels oder Naturkatastrophen wie Überflutungen, Stürmen und Dürren rund vier Milliarden Menschen bedroht. Viele von ihnen lebten in den ärmsten Gegenden der Welt in Afrika und Asien. Unsere Kinder werden für unsere Sünden den Preis bezahlen. Der arktische Boden enthält 1,8 Billionen Tonnen Kohlenstoff – mehr als doppelt so viel, wie sich gegenwärtig in der Erdatmosphäre befindet, durch die Freisetzung wird Methan verdampfen. Dieses ist als Treibhausgas-Anheizer um ein vielfaches wirksamer als Kohlendioxid – und zwar 34 Mal so groß. Da sich ja nichts an unseren CO_2, Methan und anderen Ausstössen ändert, wir machen ja nichts, der Regenwald minütlich weiter abgeholzt wird, u.s.w., ist mit einer Auslöschung unserer Gesellschaft in spätestens 50 Jahren zu rechnen, die Hälfte davon bereits in den nächsten Jahrzehnten. Es bleiben ein paar Einzelkämpfer, die sich aber wünschen nicht mehr am Leben zu sein. Viele Menschen, insbesondere Kinder ab 6 Jahren schlagen Gesteinsbrocken aus Goldminen. Um das Gold aus dem abgebauten Gestein zu lösen, werden billige und sehr giftige Chemikalien wie Blei eingesetzt. Die Kinder kommen damit in Kontakt, wenn sie Gestein und Blei teils mit bloßen Händen vermischen, oder was noch schlimmer, wenn sie beim Verbrennen, um das Gold zu lösen, giftige Dämpfe einatmen. Zwar gelangen die Kinder so an das Gold, jedoch greift das hochgiftige Schwermetall das Zentralnervensystem an. Das ist besonders für Kinder schädlich- für Kleinkinder sogar tödlich. Minenarbeit gehört folglich zu den gefährlichsten Berufen weltweit. Da Kinder ihre Familien finanziell unterstützen müssen, werden alleine nur in Nigeria rund 12 Millionen nigerianische Kinder versklavt. Hinzu kommen unzähligen Minen auf der ganzen Welt, der bereits im Gange befindliche Rohstoffkrieg, Öl, Gas und Sand nicht zu vergessen. Alleine der Sand zum Bauen von Gebäuden ist so knapp geworden, dass überall auf der Welt - auch von Kindern - Sand eingesammelt wird. Anstatt aus Wüstensand Häuser zu bauen, beutet man lieber den letzten Rest Sand aus der Natur aus. Die giftigen Minen machen krank und Menschen sterben an der Arbeit. Lithium, Bauxit, Gold, Rutile, Erze, Kohle und so viele andere, auch radioaktive Materialien dienen unserem Wohlstand. Wer denkt schon an Kinderarbeit in Minen, wenn er sich ein neues Elektroauto kauft. Wer denkt schon an sein eingepacktes Brot in Aluminiumfolie wenn er es auspackt? Aluminium sowie Plastikverpackungen sind nachgewiesenermaßen krebserregend. Aluminium wird unter hohem Stromaufwand und hochgiftigen Rotschlamm hergestellt wird.

Kupfermine

Lithium und Kobalt sind als Batteriemetalle weltweit extrem gefragt. Gold als Geldanlage, Bauxit zur Aluminiumherstellung, Rutile um Zahnpasta und Farben zu hellen, usw., die Liste nimmt kein Ende, die Kinderarbeit nimmt kein Ende, die Ausbeutung der Erde nimmt kein Ende, die Zerstörung der Erde nimmt kein Ende, eins ist sicher: wir nehmen bald ein Ende. Nicht nur die viele Kinderarbeit, sondern auch die extremem Umweltverschmutzungen im Abbau von Erzen, u.s.w., muss uns sofort zu Denken geben, die Menschen in Minen nehmen soviel Schwermetalle und andere giftige Substanzen auf, dass sie viel früher krank werden und sterben als andere Menschen. Die Müllmenschen von Afrika nehmen durch das Verbrennen von Plastik, ebenso viele Giftstoffe auf, naja, um an das bisschen Metall in den Kunstoffen zu kommen, müssen Menschen ihr Leben auf dem Spiel setzten, meist werden diese Arbeiten von Kindern durchgeführt. Wir verkaufen ja unseren Müll ins Ausland, wir sind ja nicht fähig selbst damit umzugehen. Wieviel Prozent recyceln wir wirklich? Bei Hausmüll sind es ja nur ca. 15 % und bei all unserem Kunstoff und Metallmist? Verkaufen wir es doch einfach, bringt ja Kohle und ist aus dem Auge, die Afrikaner und Chinesen verbrennen es schon auf offener Strasse. Was nicht verkauft wird, wird in unseren Müllverbrennungsanlagen einfach verbrannt, ob Sondermüll wie Styropor zur Gebäudedämmung, Schlacht- und Krankenhausabfälle, einfach alles. Was kommt aus dem Schornstein raus? Mehr noch als bei anderen Verbrennungskraftwerken, nämlich noch mehr hochgiftige Abgase. Die Weltbevölkerung produziert und verbrennt unkontrolliert an Müll. Eine neue Studie des amerikanischen National Center of Atmospheric Research (NCAR) hat zum ersten Mal versucht, Schätzungen für einzelne Länder hinsichtlich deren wahren Gasausstoß durch Müllverbrennung zu erheben. Ergebnis: 40 Prozent des globalen Mülls verbrennen in offenen Feuern, die enorme Mengen von Treibhausgasen und gesundheitsschädlichen Partikeln in die Luft blasen. In Entwicklungsländern werden die Müllberge meist von Kindern verbrannt. Da ja unser Verbrauch an Verpackung und Müllerzeugung drastisch zunimmt, nehmen auch all die Müllberge auf der Welt drastisch zu. Besonders gefährlich ist der Rauch, der bei der Verbrennung von Plastik und

Elektrogeräten entsteht. Im Gegensatz zu registrierten Müllverbrennungsanlagen sind all die wilden Verbrennungen nicht regis-
triert. Die auch hier wieder unterschätzte Gefahr der CO_2 Pro-
blematik, Gift- und Schwermetallfreisetzungen ist allgegenwärtig.
Oft liegen ganze Dörfer, insbesondere in Afrika und Asien unter
einer dicken Rauchwolke und ständig brennen überall Müllberge.
Eine NCAR-Studie (National Center for Atmospheric Research-
die) zeigt die Emissionen durch Müllverbrennung. Nach diesen
Daten ist die Müllverbrennung für fünf Prozent des gesamten
vom Menschen verursachten Treibhausgasausstoßes verantwortlich – soviel, wie die Industrieländer einsparen müssten,
wenn sie die Ziele des Kyoto-Protokolls erreichen wollen. Die
alten Müllverbrennungsanlagen sind meist technisch veraltet und
stossen nochmal um so mehr schädliche Abgase aus, warum
werden nicht neue Plasma Müllverbrennungsanlagen gebaut?
Diese sind umweltfreundlich und zerschmelzen bei sehr hohen
Temperaturen den Müll zu kleinen Glaskugeln. Die NCAR stell-
ten die offiziellen Daten zur Müllverbrennung oder -verwertung
gegenüber. So kamen sie auf die 40 Prozent, oder in Zahlen 1,1
Milliarden Tonnen Müll, die jeden Tag außerhalb der staatliche
Strukturen vernichtet werden. Die wirklichen Werte könnten zwar
um einen oder gar zwei Faktoren von ihren Schätzungen abwei-
chen, warnen die Forscher, denn die oft illegale Müllverbrennung
ist nirgendwo vermerkt oder gar reguliert. Gesundheitsrisiken
durch Gase und Schadstoffe in Müllverbrennungsanlagen und in
wilden Müllhalden. Grosse Länder wie China produzieren noch
nicht den meisten Müll, liegen aber weltweit an der Spitze, was
ihre Emissionsraten angeht, da durch die unkontrollierte Verbrennung deutlich mehr Gase und Schwermetalle abgegeben
werden als in Müllverbrennungsanlagen. Der schwarze, beis-
sende und sehr übelriechende giftige Rauch all dieser Feuer
enthält sehr große Anteile an Blei und giftigen Gasen, vorzeitiger
Krebs und Herzinfarkte sind die Folge. Allein in China stammen
1/5 aller großen Schmutzpartikel in der Luft von offener Müllverbrennung. Bisher wurden Müllverbrennungen an offenem Feuer
in der Klimabetrachtung nicht berücksichtigt. Nicht nur Müll, sondern auch die extremm übertriebene Tierhaltung mit ihrem extremen Methangasausstössen. Laut dem offiziellen Bericht "Li-
vestock's long Shadow" der FAO aus dem Jahr 2006, gehen

18% (7,5 Mrd. Tonnen) der jährlich insgesamt 41,8 Mrd. Tonnen ausgestoßenen Treibhausgase (gemessen in CO2-Äquivalenten) auf das Konto der Viehzucht. Die Tierhaltung gehört damit zu den Hauptverantwortlichen für den globalen Treibhauseffekt und verursacht mehr Treibhausgase als sämtlicher Verkehr weltweit (13,5%). Es gibt tausend Beispiele wie wir unsere Welt vernichten, es sei hier nur noch eins angedeutet: Das perverse Fracking, welches die Gefahr von Erdbeben in den USA erhöht hat und Erkenntnisse der Universität Innsbruck, dass Fracking die Luft mit gesundheits- und klimaschädlichen Gasen belastet. Für eine Bohrung mit mehreren Frackvorgängen werden viele Millionen Liter Wasser benötigt. Diese Wassermengen fehlen im örtlichen Grundwasserkörper, was je nach den lokalen Gegebenheiten massive Auswirkungen auf den Wasserhaushalt haben kann. Das Rücklaufwasser des Frackings, muss aufgrund der verwendeten Gifte entsorgt werden. Das Rücklaufwasser ist oft sehr stark radioaktiv belastet. Radon und andere Radionuklide können durch Fracking an die Erdoberfläche gelangen. Auch können sich Salze, Schwermetalle und Substanzen wie Benzol oder Reaktionsprodukte aus den verschiedenen Zusätzen im Rücklaufwasser befinden. Doch nicht nur die Frackingflüssigkeit gefährdet das Trinkwasser. Gase, vor allem Methan, können durch Risse entweichen und in das Grundwasser gelangen. In den USA haben Methananreicherungen im Trinkwasser schon zu Explosionen geführt. Teils führte das Leitungswasser so viel Gas, dass es mit einem Feuerzeug angezündet werden konnte. Nicht nur durch die Klimakatastrophe sterben wir Menschen, sondern auch schon vorher durch die Industrie.

Kapitel 10

Wer überlebt wie unter welchen Umweltbedingungen

In den nächsten Jahrzehnten wird es zu bürgerkriegsähnlichen Zuständen an Grenzen und in den jeweiligen Ländern kommen. Unsere Temperaturen nehmen immer mehr zu, ganze Städte werden überflutet und extreme Hitzewellen überziehen die Länder, Nahrung, Trinkwasser und Strom stehen nicht mehr zur Verfügung, Menschen müssen fliehen um zu überleben. Pechschwarz – so skizzieren australische Forscher - in einem neuen Report die Zukunft der Menschheit. Um die Mitte des Jahrhunderts, so ihre Prognose, werde die Zivilisation, wie wir sie kennen, voraussichtlich enden. Ursache des Niedergangs seien die zunehmend desaströsen Auswirkungen der globalen Erwärmung, gepaart mit dem Unwillen, sie konsequent zu bekämpfen.

Atomexplosion, viele Atomkraftwerke sind bereits explodiert.

Nicht nur radioaktive Strahlung, sondern auch Kohle, Öl und Gaskraftwerke vergiften uns. Wer in den nächsten Jahrzehnten noch am Leben ist, der hat es geschafft noch einen der ganz wenigen Orte der Welt zu finden, an dem noch ein verzweifeltes Überleben bei hohen Temperaturen, kaum Nahrung und kaum Wasser eine begrenzte Zeit möglich ist. Die Nahrung die wir ja in Supermärkten kaufen, ist ja sowieso zu 100 % nicht rein von Giften und anderen Schadstoffen, bedingt durch Plastikverpackungen, Pestiziden, Schwermetallen, Konservierungsmitteln und vielen anderen Giftstoffen. Durch die Biolüge, werden Verbraucher mit selbstaufgedruckten Biolabeln auf fast jedem zweiten Produkt getäuscht und es wird eine gesunde Nahrung suggeriert, die es ja nicht sein kann, weil sie von Grosskonzernen kommt und nicht tatsächlich Bio sind, wie es zum Beispiel Demeter kontrolliert. Durch die Biolüge der Grosskonzerne werden Menschen krank, ob Bio drauf steht oder nicht, unsere Lebensmittel der Großindustrie sind in allen Fällen mit Schadstoffen belastet. Aufgrund der Biolüge ist es ratsam unverpackte, Demeter geprüfte echte Bio-Lebensmittel zu kaufen, solang zumindestens bis die weitgehend unbelasteten Lebensmittel nicht mehr ohne Schadstoffe hergestellt werden können. Da aber Lebensmittel und Trinkwasser extrem knapp werden, wird sich das Thema mit dem im Supermarkt oder beim Biomarkt einkaufen, sowieso von ganz alleine erledigen. In allen Märkten gibt es nichts mehr zum Einkaufen. Jeder der noch lebt, wünscht sich zu sterben, bis auf wenige Tierarten und den Überlebenskünstlern, den Bakterien. Sie kommen überall vor, in der Luft, im Wasser, in Lebensmitteln. Da es kaum noch Lebensmittel gibt, gibt es auch kaum Bakterien in Lebensmitteln. Bakterien können sich unter vielen verschiedenen Bedingungen vermehren und ähnlich wie bei den Viren auch sehr lange Zeit, bis zu 250 Millionen Jahre überleben, was wiederum heisst, dass uns die Bakterien eindeutig überleben werden. Bakterien im menschlichen Körper leben meist unbemerkt von uns im Verborgenen. Jeder von uns beherbergt zwei Kilogramm Bakterien. Offenbar werden mittels chemischer Signale in der Luft Steuerungsbefehle verbreitet, die bei den bedrohten Bakterien Antibiotika-Resistenzgene anschalten. Dank der molekularen Übertragung über die Luft können die Schädlinge Medikamentenangriffe überstehen, die ansonsten tödlich wären. Bisher galt es nach Meinung der Forscher nur als sicher, dass Mikroorganismen Resistenzeigenschaften durch direkten Kontakt mit Artgenossen erwerben können. Alles besitzt verdichtete Schwingungen, alles kommuniziert, alles besitzt Energie. Alles hat bestimmte Schwingungsfrequenenzen mit einem bestimmten Schwingungsmuster wie der Mensch, Tier, Pflanze, jeder Gegenstand, Wasser, Nahrungsmittel, Heilkräuter, Farben, Töne, Worte, Zahlen, Bakterien, Viren, alle Begriffe oder auch Gedanken. Die jeweiligen Schwingungen gehen von den einzelnen Körperzellen aus. Es handelt sich um niederenergetische Schwingungsfrequenzen im mikroelektronischen Bereich. Jede Zelle eines jeden Körpers kann Energieschwingungen aussenden und auch empfangen. Auf diese Weise werden Informationen wie Kälte, Wärme und Krankheit von einer Körperzelle über die Nachbarzellen weiter geleitet. Alle Körperzellen sind miteinander verbunden und alle kommunizieren ständig miteinander.

Alles schwingt, alles kommuniziert, angefangen von Bakterien bis hin zur Brücke. Als Lebensenergie sind Zellen Träger. In Meridiane werden diese als Energiebahnen durch unseren Körper geleitet. Ohne Energieschwingungen würde es überhaupt kein Leben geben. Wie der menschliche Körper bestehen auch Tiere, Pflanzen, Bakterien, Viren, einfach alles auf der Erde aus Zellen und jede dieser Zellen besitzt eine bestimmte Schwingungsfrequenz. Zusammen bilden sie die Frequenz des jeweiligen Lebens.

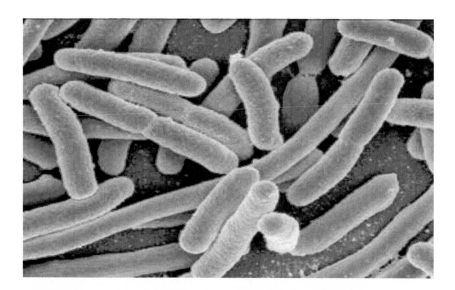

Kapitel 11

Kann die bestehende Klimakatastrophe noch abgemildert werden?

Wir sind ja nicht mal in der Lage eine Erwärmung von zwei Grad Celsius zu verhindern. Bei 2 Grad ist der Klimawandel nicht mehr rückgängig zu machen, der Golfstrom reisst ab, etc., Bei drei Grad gehen die Küstenstädte der Welt verloren, wie z.b. New York, Hamburg, Kalkutta, Bangkok und viele mehr. Bei vier Grad wird in Europa permanente Dürre herrschen, weite Teile Chinas, Indiens und Bangladeschs werden zu Wüsten, der Südwesten der USA wird unbewohnbar. Bei fünf Grad, so sagen es einige der führenden Wissenschaftler, droht das Ende der Menschheit. Das perverse: unser Klimawandel hätte verhindert werden können. Seit den siebzigern bereits war es vielen Forschern und Politikern bereits bekannt wie Mensch und giftige Umwelt miteinander leben. Damals galt schon auch wie heute: Stopp aller Verbrennungen in Kohlekraftwerken, Automotoren und der Industrie. Die Antwort warum damals nichts gemacht wurde, ist die gleiche warum heute nichts gemacht wird. Der Erderwärmung wird keine grosse Aufmerksamkeit geschenkt. Die Klima Krise ist so extrem gross, kaum einer ist in der Lage sie zu begreifen! Keiner nimmt sie wirklich ernst und handelt danach. Wir leben alle einfach in den Tag hinein und warten in unserer Gelähmtheit auf unser verdursten. Kleine Klimaschutzprojekte werden oft von Politikern gern rausgestellt, damit das „Modethema „Klimaschutz" auch medienwirksam dargestellt wird. Wirklich klimafreundliche Lösungen werden oft nicht angepackt, wir haben ja noch Zeit. Das Thema wird von allen strafbar verharmlost. Leider ist die Zeit schon abgelaufen. Deutschland wird laut Studien unter bisher unbekannten Hitzewellen und Dürreperioden leiden. Im Sommer werden die Höchsttemperaturen in den kommenden Jahrzehnten immer wieder deutlich über 40 Grad steigen, auch werden viel häufiger Nächte mit Temperaturen über 20 Grad erreicht. Die Arktis wird wohl kurzfristig im Sommer eisfrei sein. Hinzu kommt weniger Schnee in den Alpen und extrem trockene Sommer im Süden, Südwesten und Nordosten. Die Kosten werden sicherlich dem Klimawandel in den nächsten Jahrzehnten viele Dutzend Milliarden EUR betragen. Schwerwiegende Folgen für die Landwirtschaft und damit Nahrungsmittelindustrie sind ebenfalls die Folge der Temperaturerhöhungen in den nächsten Jahren. Auch die Auswirkungen auf die Alpen seien groß. "Kleine Gletscher werden verschwinden, während größere Gletscher um bis zu 70 Prozent abschmelzen, allein bis zum Jahr 2050", zitiert aus dem UN-Bericht. Die bayerischen Gletscher seien bereits um 70 Prozent geschrumpft. In spätestens 20 Jahren wird es im Freistaat keinen Gletscher mehr geben. Die Eisfläche der Arktis schrumpft bereits im vierten Jahr in Folge in Rekordtempo. Im September 2005 habe das Eis im Nordpolgebiet ein neues Minimum erreicht, schreibt das Nationale Schnee- und Eis-Datenzentrum der USA (NSIDC). "Wenn der derzeitige Schwund des Meer-Eises anhält, könnte die Arktis bis zum Ende des Jahrhunderts im Sommer komplett eisfrei sein", hieß es. Die Klimakatastrophe kann aus meiner Sicht vermindert werden. Der Wohlstand von uns Menschen, sowie das Einkommen kann trotz Reduzierung der Treibhausgasemissionen beibehalten und gesteigert werden. Jedoch müssen wir alle Opfer bringen, angefangen mit einfach häufiger laufen oder radfahren, statt sich ins Auto zu setzen. Die Empfehlungen des Klimarats zur Vermeidung gefährlicher Folgen der globalen Erwärmung ist ein e Bündelung aus Durchschnittswerten, Prognosen und technologischen Einschätzungen: Als Ziel geben die Gutachter vor, dass bis 2050 der CO2-Ausstoß um 50 bis 85 Prozent gesenkt werden müsse. Dazu dürften die weltweiten Emissionen bereits im Jahr 2015 nicht mehr steigen. Dann könnte sich die durchschnittliche globale Erwärmung bis zum Jahr 2100 wohl auf zwei Grad Celsius begrenzen lassen. Durch die Einführung von Wasserstoff und anderen grünen Brennstoffen, sowie die kurzfristige Abschaffung aller Verbrennungsmotoren und auch Austausch aller fossilen Brennstoffe befeuerten Kraftwerke durch Plasma Geothermalkraftwerke neuster Generation, kommen wir einer dringend notwendigen Schadstoffreduzierung näher. Die Erde ist im inneren flüssig, daher kann man Erddampf zur Stromerzeugung kosten bekommen. Dies alleine reicht aber nicht, es ist ein ganzer Katalog an Massnahmen durchzuführen und noch mehr, nachzulesen in meinem Buch die fünfte industrielle Revolution. Die Kosten hierfür liegen im einstelligen weltweiten Bereich des Bruttoinlandsprodukts. Nicht zu vergessen: jede einzelne von uns sollte jeden Tag über sein CO_2 Verhalten nachdenken und seine CO_2 Belastung ernsthaft vor Augen führen. Wenn jeder eine persönliche CO_2 Gutschrift bekäme, dann denkt auch jeder darüber nach CO_2 zu verbraten, denn wenn eine finanzielle Gutschrift ausbezahlt wird, oder das pflanzen eines Baumes über die Gutschrift abgerechnet wird, wird es attraktiv CO_2 zu sparen, nach dem Motto wer viel verbrät zahl auch viel, wer CO_2 arm oder frei lebt bekommt Geld zugesprochen, Fleisch, Benzin und Kurzflüge müssen viel höher besteuert werden, sodass wir wieder eine Wertschätzung gegenüber den getöteten Tieren, dem umweltschädlichen Benzin und dem Luxus zu fliegen bekommen. Inlandsflüge sollten ganz gestrichen werden, das Türe, schmutzige und krebserregende Flugbenzin gehört mit dem Treibstoff der Jatropha-Bioölpflanze ersetzt. Eine Abmilderung der Klimakatastrophe kann man nur erreichen, wenn als Politiker weltweit Einigkeit und Umsetzung zeigen. Die weltweite Industrie muss politisch gezwungen werden ihre Produktionsweise mit der veralteten Verbrennungstechnologie in CO_2 freie Industrieproduktion zu ändern und ausserdem Gifte und Schwermetalle aus unserer Nahrung, Kleidung, Trinkwasser, Landwirtschaft, etc. zu verbannen. Ohne eine fünfte industrielle Revolution, wird unsere fortschreitende Klimakatastrophe nicht aufzuhalten sein, die bisherigen Auswirkungen sind da erst der Anfang und in wenigen Jahren werden wir vermehrt am eigenen Leib spüren, was es heisst sorgenfrei zu leben. Unsere Kinder sind bereits sehr wütend auf uns, wir sollten uns schämen unseren Kindern so eine kaputte Welt zu hinterlassen, viele alte Menschen und alte Politiker nehmen das ganze ja nicht so ernst, naja, die paar Jahre bis in die Kiste schaffe ich schon noch, nach mir die Sintflut. Leider ist der menschliche Egoismus nach Geldgier und Macht so gross, das in den Kleinhirnen nicht mehr viel Platz für andere Dinge ist.

Unsere ausgetrocknete, ehemals bewohnte Welt in spätestens dreißig bis fünfzig Jahren. Ein Dank an die gierige Industrie, korrupten Politiker und egoistischen Menschen dieser Welt.

Kapitel 12

Atome und Neutrinos

Ein Atom besteht aus einem massereichen Atomkern mit elektrisch positiv geladenen Protonen und neutralen Neutronen, sowie einer fast masselosen Atomhülle mit elektrisch negativ geladenen Elektronen. Atome sind Teilchen, aus denen alle Stoffe aufgebaut sind. Sie bestehen aus Atomkern und einer Atomhülle. Alles um uns herum ist aus Atomen oder Molekülen aufgebaut. Pflanzen , Tiere , Menschen , Erde , Luft , die Sonne und was es sonst noch alles gibt. Die Atome und Moleküle sind aber so klein, dass man sie weder mit den Augen noch mit den stärksten Mikroskopen der Welt genau betrachten kann. Neutrinos, das sind extrem leichte, elektrisch neutrale, schwach wechselwirkende Elementarteilchen, sie kommen unzählig von der Sonne, aus dem All und aus Kernreaktoren. Neutrinos sind neben Photonen die häufigsten Teilchen im Universum. Nach Einsteins These unmöglich. Sie passieren jede Art von Materie nahezu ungehindert, rauschen auch durch den menschlichen Körper hindurch. Diese Energie lässt sich unabhängig von Wetter, Sonneneinstrahlung oder Ort nutzen und bietet der Menschheit eine unerschöpfliche Energiequelle. Täglich erreicht uns auf diese Weise ungenutzt mehr Energie als die Energie aller weltweit noch vorhandenen Reserven fossiler Rohstoffe. Alles kann kostenlos elektrisch aufgeladen werden, ob Handys, Stromgeneratoren, Haushaltsgeräte, oder Fahrzeuge. Auch die Relativitätstheorie von Albert Einstein mit seiner Formel: $e=mxc2$ stimmt so nicht mehr und muss neu geschrieben werden, wie ich es auch in meinem Buch „Die fünfte industrielle Revolution" gemacht habe. Ein Atomkraft- oder auch Kernkraftwerk genannt, ist im Grundaufbau vergleichbar mit Kohlekraftwerke. Der grosse Unterschied: die Art der Dampferzeugung. Bei Kernkraftwerken werden unterschiedliche Reaktortypen betrieben wie Leichtwasserreaktor, Schwerwasserreaktor, Brutreaktor und gasgekühlte Hochtemperaturreaktoren. In Kernkraftwerken werden in den Kernreaktoren durch Kernspaltung Energie freigesetzt. Dabei werden meist in Brennstäbe befindliche Urankerne, mit Neutronen beschossen. Durch diese Beschiessung erhält der Urankern soviel Energie, dass er sich spaltet. Die Spaltung hat zur Folge, dass zwei Elemente und weitere Neutronen entstehen. Die Neutronen geben Energie an den Moderator, welcher meist Wasser ist, ab. Diese Energie wird zur Wasserdampferzeugung genutzt. Durch das Neuentstehen von Neutronen kommt eine Kettenreaktion in Gang. Diese kann durch so genannte Regelstäbe gesteuert werden. Der erzeugte Wasserdampf wird über eine Turbine entspannt und treibt über eine Welle einen Generator an, der Strom erzeugt. In jedem Atomkraftwerk auf der Welt kann es immer und jeden Tag zu einem schweren Zwischenfall und Atomunglück kommen. Ob menschliches Versagen, Flugzeugabsturz, Materialermüdung, technische Defekte, Super-Gaus haben schon viele Menschen getötet und verstrahlt. Rettende Pläne zum Katastrophenschutz existieren nicht, insbesondere in Deutschland, was existiert ist Makulatur. Die in Deutschland noch betriebenen sieben Atomkraftwerke in Deutschland sind nicht gegen den Absturz eines größerer Flugzeuge, starkes Erdbeben oder Naturkatastrophen geschützt. Was ist mit Deutschland, was ist mit der Welt? Wie wird unser Atommüll gelagert und entsorgt? Was passiert zuerst? Ein wahrscheinlicher Unfall im Atomkraftwerk, ein Atomkrieg, oder sterben wir doch an den Auswirkungen unserer Klimakatastrophe? Wie werden Atomwaffen geschmuggelt und wie kommen terroristische Schläfer an diese Waffen? Das atomare Weiterüsten hat durch die Aufkündigung des INF Vertrages bereits begonnen, ist Europa noch sicher vor einem Atomangriff? Was passiert bei einem Atomangriff? Die Welt ist viel unsicherer geworden. Das Wort Atom kommt von griechisch átomos, das Unteilbare. Man nahm also an, dass es etwas gibt, das unteilbar ist. Doch dann haben die Physiker, vor allem Bohr selbst, gezeigt, dass das Atom doch teilbar ist. Wir nennen etwas Atom, obwohl es kein Atom ist. Bohr aber hat durch seine Wissenschaft und mit seinen Kollegen entdeckt, dass es trotzdem ein Atom gibt, und zwar ein ganz merkwürdiges: Das sind die Menschen und die Welt selbst, die zusammengehören und unteilbar sind. Das Schalenmodell von Rutherford wurde von Niels Bohr 1913 erweitert und verfeinert: Demnach bewegen sich negative "Teilchen" (Elektronen) auf bestimmten Bahnen (Schalen) mit extrem großer Geschwindigkeit um den Atomkern, der aus positiv geladenen Protonen und nicht geladenen Neutronen zusammengesetzt ist. Das Wasserstoff-Atom ist das am einfachsten gebaute Atom. Es besteht im Zentrum (Atomkern) aus einem Proton, ein Teilchen, das eine einfach positive Ladung besitzt, und einem Elektron, das sich um den Kern bewegt. Die positive Ladung des Protons gleicht die negative Ladung des Elektrons aus. Nach außen hin ist also das Atom neutral. Das Elektron besitzt im Vergleich zum Proton eine extrem geringe Masse, die im Folgenden vernachlässigt werden soll. Die Masse eines Protons beträgt ca. 1 u (unit). Demzufolge besitzt das Wasserstoff-Atom die Masse von ca. 1 u. Ein Atom besteht aus einem massereichen Atomkern mit elektrisch positiv geladenen Protonen und neutralen Neutronen, sowie einer fast masselosen Atomhülle mit elektrisch negativ geladenen Elektronen. Atome sind Teilchen, aus denen alle Stoffe aufgebaut sind. Sie bestehen aus Atomkern und einer Atomhülle. Alles um uns herum ist aus Atomen oder Molekülen aufgebaut. Pflanzen , Tiere , Menschen , Erde , Luft , die Sonne und was es sonst noch alles gibt. Die Atome und Moleküle sind aber so klein, dass man sie weder mit den Augen noch mit den stärksten Mikroskopen der Welt genau betrachten kann. Ein Atomkraft- oder auch Kernkraftwerk genannt, ist im Grundaufbau vergleichbar mit Kohlekraftwerke. Der grosse Unterschied: die Art der Dampferzeugung. Bei Kernkraftwerken werden unterschiedliche Reaktortypen betrieben wie Leichtwasserreaktor, Schwerwasserreaktor, Brutreaktor und gasgekühlte Hochtemperaturreaktoren. In Kernkraftwerken werden in den Kernreaktoren durch Kernspaltung Energie freigesetzt. Dabei werden meist in Brennstäbe befindliche Urankerne, mit Neutronen beschossen. Durch diese Beschiessung erhält der Urankern soviel Energie, dass er sich spaltet. Die Spaltung hat zur Folge, dass zwei Elemente und weitere Neutronen entstehen. Die Neutronen geben Energie an den Moderator, welcher meist Wasser ist, ab. Diese Energie wird zur Wasserdampferzeugung genutzt. Durch das Neuentstehen von Neutronen kommt eine Kettenreaktion in Gang. Diese kann durch so genannte Regelstäbe gesteuert werden. Der erzeugte Wasserdampf wird über eine Turbine entspannt und treibt über eine Welle einen Generator an, der Strom erzeugt. Vorteile der Kernkraftwerke sind, dass kein CO_2 erzeugt und der Strom kostengünstig erzeugt werden kann. Nachteile sind die Entstehung radioaktiver Abfälle, die über Jahrhunderte hinweg sicher gelagert werden müssen und die relative Unsicherheit im Betrieb der Anlagen. Neutrinos, das sind extrem leichte, elektrisch neutrale, schwach wechselwirkende Elementarteilchen, sie kommen unzählig von der Sonne, aus dem All und aus Kernreaktoren. Neutrinos sind neben Photonen die häufigsten Teilchen im Universum. Nach Einsteins These unmöglich. Sie passieren jede Art von Materie nahezu ungehindert, rauschen auch durch den menschlichen Körper hindurch. Konsequenzen hat das nicht, der Mensch bemerkt das kosmische Bombardement nicht einmal Neutrinos durchdringen. Ulttraleichte Neutrons sollen im luftleeren Raum im Teilchenbeschleuniger Cern das Licht überholt haben. Damit müsste Einsteins Relativitätstheorie umgeschrieben werden. Die Lichtgeschwindigkeit gilt nach Albert Einstein als die oberste Geschwindigkeitsgrenze im Universum und ist bislang in keinem Experiment der Welt, ausser in Cern, nachgewiesen worden. Das Prinzip der Messung basiert auf der berühmten Formel $E=mc^2$ aus Albert Einsteins berühmter Relativitätstheorie. Neutrinophysiker gehen davon aus, dass jeder Quadratzentimeter der Erdoberfläche pro Sekunde von 100 Milliarden Neutrinos durchflogen wird. Falls diese Messungen bestätigt werden, könnten sie unsere Sicht auf unsere bekannte Physik verändern. Die Erkenntnis würde weder unser Leben noch das Universum ändern. Denn diese Elementarteilchen wären damit wahrscheinlich schon seit Milliarden von Jahren mit einer Geschwindigkeit unterwegs, die das des Lichts übersteigen. Neutrinos sind ja winzige, unsichtbare Elementarteilchen aus dem All oder aus der Sonne, die ohne Unterbrechung milliardenfach und unendlich auf uns niederprasseln. Sie besitzen Masse und erzeugen durch ihre Bewegung schwache Wechselwirkung. Diese Energie lässt sich unabhängig von Wetter, Sonneneinstrahlung oder Ort nutzen und bietet der Menschheit eine unerschöpfliche Energiequelle. Täglich erreicht uns auf diese Weise ungenutzt mehr Energie als die Energie aller weltweit noch vorhandenen Reserven fossiler Rohstoffe. Alles kann kostenlos elektrisch aufgeladen werden, ob Handys, Stromgeneratoren, Haushaltsgeräte, oder Fahrzeuge die einen Energiewandler, der Energie aus Strahlen wandelt besitzen. Analog zur Photovoltaik, wo sichtbare Lichtstrahlen in Energie gewandelt werden, werden bei der Neutrino-Technologie die nichtsichtbaren Strahlenspektren in Energie gewandelt. Das hat einen entscheidenden Vorteil, nämlich, dass dieser Strom kleinster hochenergetischer Teilchen nicht nur bei Tageslicht, sondern 24 Stunden/365 Tage permanent an jedem Ort zur Verfügung steht. Durch Verleihung mehrerer Nobelpreise ist Neutron Technology ie nun nochmal wissenschaftlich untermauert. Bei Photovoltaikzellen zum Beispiel wird der sichtbare Bereich des Sonnenspektrums zur Herstellung elektrischer Energie genutzt. Der große Nachteil: in der Nacht gibt es kein Strom mehr. Im Jahr 2015 ging der Nobelpreis für Physik an den Japaner Takaaki Kajita und den Kanadier Arthur McDonald. Sie wiesen nach, dass die überall vorhandenen Neutrinos eine – wenn auch geringe – Masse besitzen. Neutrinos können tatsächlich für die Erzeugung von Energie genutzt werden. Neben dem sichtbaren Spektrum des Sonnenlichtes existiert gleichzeitig sehr viel mehr Energie im Bereich des nichtsichtbaren Spektrums. Neutrinos strömen ja ständig Milliardenfach durch uns, das Universum, bei Tag und Nacht, Regen oder Windstille, einfach immer. Nach Berechnungen verschiedener Wissenschaftler erreichen uns jeden Tag Strahlungen in einem Volumen von mehr als 5.000 Jahre Weltenergiebedarf. Diese Energie kann man nutzbar machen. Stoßen z.B. Neutrinos auf beschichtete Folien, wird die Energie direkt über Stromkabel weitergeleitet und kann genutzt werden. Die Entwicklung der Energieerzeugung auf Neutrinobasis ist soweit, dass im kurzfristig ein neues Auto mit Neutrino-Antrieb bereits vorgestellt wird. Dieses echte E-Auto braucht keine Ladesäulen und wird nie mehr aufgeladen. Neutrinos sind keine Geisterteilchen mehr, sondern eine permanent zur Verfügung stehende erneuerbare Energie, die überall auf der Welt genutzt werden kann. Auch die Relativitätstheorie von Albert Einstein mit seiner Formel: e=mxc2 stimmt so nicht mehr und muss neu geschrieben werden, wie ich es auch in meinem Buch „Die fünfte industrielle Revolution" gemacht habe.

Kapitel 13

Atombomben

Auf der Welt gibt es derzeit etwa 15.000 Atomwaffen. Das ist genug um die Menschheit mehrmals auszulöschen. Am 9. August 1945 warfen die USA die Atombombe „Fat Man" über der japanischen Stadt Nagasaki mit mehr als 240.000 Einwohnern ab. Die Explosion führte zum sofortigen Tod von etwa 22.000 Menschen. Diejenigen, die den Angriff überlebten, blieben ohne Hilfe zurück, weil Krankenhäuser und Infrastruktur zerstört worden waren. Mehr als 64.000 Menschen starben bis Jahresende durch die Folgen der Atombombe. Bis heute leiden viele Überlebende unter den Langzeitfolgen der Strahlung. Die Leukämieraten unter den Überlebenden sind etwa um das Siebenfache erhöht, sowie erhöhte Raten für fast alle anderen Krebsarten noch heute und in Zukunft Menschen unter Schmerzen früher sterben lassen. Ein verbindliches Atomwaffenverbot und die Vernichtung aller Atomwaffen und Abschalten aller Atomkraftwerke ist unerlässlich. Alternativen sind ja vorhanden. Kernwaffen sind die zerstörerischsten Waffen, die je entwickelt wurden. Erschreckenderweise nimmt die Gefahr einer Atombombenexplosion zu. Drohungen mit dem Einsatz von Atomwaffen sind unterdessen gängige Politik. Die Mechanismen und Absicherungen, die früher mal bestanden haben, um die Risiken eines Atomkrieges zu vermeiden, existieren nicht mehr. Nicht nur die heutigen Steuerungs- und Kontrollsysteme von Waffen, sind aufgrund von potenziellen Cyberangriffen aushebelbar, auch die unsichere, politische Weltsituation trägt ein Grossteil zum nächsten Atomkrieg bei. In den 80er Jahren wurden streng geheime Bauanleitungen für Nuklearwaffen über Pakistan nach Tripolis geliefert wurden, ursprünglich stammte sie aus China. Das ergaben die jüngsten Untersuchungen von Unterlagen, die Libyen im Zuge der Einstellung seines Atomwaffenprogrammes den USA übergeben hatte, dies berichtete die "Washington Post". Womöglich sind noch andere Länder in den nuklearen Schwarzmarkt involviert, mehrfach haben auch Abgesandte von al-Qaida die Händler des Todes aufgesucht. Die Herstellung einer Atombombe ist mit waffenfähigem Plutonium oder Uran kein allzu großes Problem. Baupläne gibt es ja auf zahlreichen Internet-Seiten. Terroristen versuchen Atomwaffen in ihre Hände zu bekommen, dies hätte äußerst schwer wiegende Folgen. Wenn Pakistan, Nordkorea und der Iran im Besitz von Nuklearwaffen sind, erhöht sich natürlich die Wahrscheinlichkeit, dass Terroristen in ihren Besitz gelangen könnten. Auch die Sicherheit der kerntechnischen Anlagen in Russland gibt Anlass zur Sorge. Der mögliche Einsatz atomarer Waffen durch Terroristen hätte katastrophale Auswirkungen und völlig verheerende Folgen. Das Problem lässt sich relativ einfach zusammenfassen: Auch ein Kernwaffensperrvertrag zur Verhinderung und Verbreitung von Massenvernichtungswaffen kann die Gefahr nicht reduzieren, dass Terroristen Atomwaffen beschaffen. Die Verhinderung atomarer Terroranschläge ist eine große Herausforderung an die weltweite Politik. Es gibt einige Möglichkeiten, an denen sich al-Qaida und andere Terrororganisationen atomare Waffen beschaffen können, so z.B. Diebstahl durch schlecht bewachtes Atommaterial, Bestechung, oder auch Kauf auf dem Schwarzmarkt. Seit dem Ende des kalten Krieges wurde in Europa bereits sieben Mal spaltbares Material aus Ländern der früheren UdSSR abgefangen. Das ist nur was wir wissen, was wir nicht wissen, dürfte um einiges höher liegen. Der „Vater der islamischen Atombombe", der pakistanische Nuklearwissenschaftler A. Q. Khan, hat gestanden, dass er für die Entwicklung eines internationalen Schwarzmarkts für waffenfähiges Nuklearmaterial maßgeblich verantwortlich sei. Die Tatsache, dass er mühelos und in großem Umfang Konstruktionsanleitungen, Geräte zur Urananreicherung und nukleartechnologisches Wissen an Länder wie Nordkorea, Iran und Libyen weitergeben konnte, unterstreicht, wie gefährlich dieser Schwarzmarkt ist. Die Wahrscheinlichkeit von atomaren Terroranschlägen einiger Länder nimmt stark zu. Nordkorea und Iran bemühten sich Atomwaffen zu erwerben, während sie den Terrorismus unterstützten. Atomare Waffen und Nuklearmaterial bieten Terroristen die bestmögliche Ausgangssituation sich für einen atomaren Anschlag zu ausrüsten, durch den einfachen Einkauf von atomaren Waffen auf dem Schwarzmarkt, ist davon auszugehen, dass bereits Terroristen über atomare Waffen verfügen. Die in afghanischen, pakistanischen oder anderen Lagern ausgebildeten islamischen Extremisten gelten weltweit als großes Risikopotenzial, sie leben als sogenannte „Schäfer" und ihr insbesondere, unverdächtige Lebenswandel macht sie so gefährlich. Jederzeit können die harmlos wirkenden Ehemänner, Nachbarn, Freunde, Kollegen oder Studienkollegen für Terror-Anschläge aktiviert werden. Sie warten nur auf ihren Einsatzbefehl. In der Bundesrepublik haben wir auch ein hohes Risikopotential. Nach Schätzungen des Verfassungsschutzes leben bereits 100 Gotteskrieger in Deutschland. Abschreckung durch gegenseitige Verwundbarkeit? Jedes Land strebt danach, sich im Rüstungswettlauf mit Atomwaffen Vorteile zu verschaffen, um im Fall der Fälle stärker als der andere zu sein, mindestens jedoch eine atomare Kapazität für einen Zweitschlag zu haben. Diese Bestrebungen führen zwangsläufig zu Auf- und Hochrüstungen mit immer leistungsfähigeren atomaren Waffen. Die verhängnisvolle Rüstungsspirale schraubt sich immer weiter nach oben. Unter diesen Bedingungen kann ein Erstschlag des Gegners nicht zum gewünschten Ziel führen, da ja nicht alle Atomwaffen des angegriffenen ausgeschaltet werden können. Die Atombombe ist die stärkste und gefährlichste Waffe, die jemals entwickelt wurde. Atombomben beruhen auf dem Prinzip der Kernspaltung oder Kernverschmelzungen von radioaktiven Materialien, dabei werden extreme Kräfte in Form von Hitze, Druck und tödlicher Strahlung freigesetzt. Insgesamt gab es im Januar 2019 schätzungsweise 13.865 Atomwaffen auf der Welt, wie aus dem veröffentlichten Sipri-Jahresbericht 2019 hervorgeht. Laut Sipri befinden sich heute mehr als 90 Prozent der Atomwaffen im Besitz der USA und Russlands. Die beiden Länder verfügen den Schätzungen zufolge über 6185 beziehungsweise 6500 Atomsprengköpfe. Aber auch die weiteren drei Uno-Vetomächte Großbritannien (200), Frankreich (300) und China (290) sowie Israel (80-90) und die in einen internen Konflikt verstrickten Staaten Indien (130-140) und Pakistan (150-160) verfügen den Angaben zufolge über solche Waffen. Indien, Pakistan und auch China hätten ihre Arsenale in den vergangenen Jahren schrittweise ausgebaut, sagte Kile. Die Zahl der Atomwaffen im Besitz von Nordkorea schätzen die Friedensforscher auf 20 bis 30 - nach 10 bis 20 ein Jahr zuvor. Lediglich Atomsprengköpfe der USA, Russlands, Großbritanniens und Frankreichs gelten teilweise als sofort einsatzbereit. Eine atomwaffenfreie Welt ist nicht in Sicht. Die Regierungen aller Atommächte seien zudem dabei, ihre nuklearen Arsenale zu modernisieren, sagte Kile. "Was wir sehen, ist, dass Atomwaffen bei nationalen Sicherheits- und Militärstrategien wieder wichtiger werden." Unter der Regierung von Präsident Donald Trump betrieben die USA eine umfassende Modernisierungsstrategie. "Das umfasst sowohl die Waffen als solche als auch Bomber, U-Boote, Marschflugkörper und die Produktionskapazitäten", sagte der Experte. Einen ähnlichen Trend könne man in Russland beobachten. Schon ein kleiner nuklearer Schlagabtausch hätte nach einer neuen Studie der Atmosphärenphysiker der University of Colorado in Boulder, durchgeführt mittels einer Computersimulationen gravierende, weltweite Folgen. Es wären gewaltige Umweltschäden, die mindestens ein Jahrzehnt anhalten, zu erwarten. Zahlreiche Menschen erkranken und aufgrund der Atomexplosionen würde der Ozonschild der Erde nachhaltig geschädigt. Die US-Forscher wählten als Szenarium einen Atomkrieg zwischen Indien und Pakistan, bei dem beide Staaten ihr gesamten Atomwaffen einsetzen. Diese haben die Größe von etwa 50 Hiroshima-Bomben. Werden diese Bomben über Grossstädte des jeweiligen Gegners gezündet, brechen riesige Feuersbrünste aus, so wie wir es von Hiroshima kennen. Der entstehende Aufwind ist so stark, dass er fünf Millionen Tonnen Ruß bis zu 80 Kilometer hoch in die Stratosphäre reißt. Die dunklen Rußpartikel absorbieren dort das Sonnenlicht, erwärmen sich dadurch und heizen die Luft in ihrer Umgebung auf. Die freigesetzte Energie setzt eine Reihe chemischer Reaktionen in Gang, die letztendlich große Mengen an Stickoxiden hervorbringen und das uns schützende Ozon zerstört. Die Ozonschicht wird in mittleren Breiten um 40 % und in den Polargebietenbis zu 70 % schrumpfen. Diese Situation hält laut Studienleiter Mills rund fünf Jahre an. Auch in den darauf folgenden fünf Jahren wird es noch erhebliche Ozonverluste geben, erst dann normalisiert sich die Konzentration des Spurengases wieder. Einer der ersten, der Konsequenzen eines Atomkriegs untersuchte, war der deutsch-niederländische Nobelpreisträger für Chemie, Paul Crutzen. In einer Analyse von 1983 kam er zu dem Ergebnis, dass die globale Durchschnittstemperatur zeitweilig um bis zu 20 Grad Celsius absinken könnte. Dies würde zu gravierenden Ernteausfällen führen. Im schlimmsten Fall droht großen Teilen der Menschheit der Kälte- und Hungertod.

Die Folgen einer atomaren Auseinandersetzung, selbst ein kleiner regionaler Nuklearkonflikt wäre schlimmer als bisher befürchtet, da der gravierende Ozonabbau bisher unterschätzt wurde. Zwei frühere Analysen Toons, veröffentlicht 2006, zeigen, dass eine nukleare Auseinandersetzung zweier kleiner Atommächte so viele Menschenleben fordern kann wie der Zweite Weltkrieg, nämlich 55 Millionen. Durch die Zerstörung der Ozonschicht erkranken zahllose Menschen an Hautkrebs, und grauem Star, Ökosysteme, Pflanzen, Meere und alles Leben auf der Welt werden in Mitleidenschaft gezogen, da alle Betroffenen mit den gefährlichen Strahlen nicht unbeschadet weiterlebten können. Es ist soweit bekannt, dass acht Länder Atomwaffen besitzen, mindestens weitere 40 Länder erzeugen so viel Plutonium, dass sie damit auch Atombomben bauen können.

Kapitel 14

Atomkraftwerke- und Atommülllagerung

Ein Atomkraft- oder auch Kernkraftwerk genannt, ist im Grundaufbau vergleichbar mit Kohlekraftwerke. Der grosse Unterschied: die Art der Dampferzeugung. Bei Kernkraftwerken werden unterschiedliche Reaktortypen betrieben wie Leichtwasserreaktor, Schwerwasserreaktor, Brutreaktor und gasgekühlte
Hochtemperaturreaktoren. In Kernkraftwerken werden in den
Kernreaktoren durch Kernspaltung Energie freigesetzt. Dabei
werden meist in Brennstäbe befindliche Urankerne, mit Neutronen beschossen. Durch diese Beschiessung erhält der Urankern
soviel Energie, dass er sich spaltet. Die Spaltung hat zur Folge,
dass zwei Elemente und weitere Neutronen entstehen. Die Neutronen geben Energie an den Moderator, welcher meist Wasser
ist, ab. Diese Energie wird zur Wasserdampferzeugung genutzt.
Durch das Neuentstehen von Neutronen kommt eine Kettenreak-

tion in Gang. Diese kann durch so genannte Regelstäbe gesteuert werden. Der erzeugte Wasserdampf wird über eine Turbine entspannt und treibt über eine Welle einen Generator an, der Strom erzeugt. Vorteile der Kernkraftwerke sind, dass kein CO2 erzeugt und der Strom kostengünstig erzeugt werden kann. Nachteile der Kernkraftwerke sind, dass bei Unfällen, oder komplette Explosionen radioaktive und tödliche Strahlungen und Krebserkrankungen entstehen, sowie die Entsorgung der radioaktiven Abfälle nicht gesichert, extrem teuer und gefährlich ist. Dadurch, dass keine Verbrennung von fossilen Brennstoffen stattfindet, wird kein klimaschädliches Kohlenstoffdioxid (CO2) erzeugt. Im Verhältnis von erzeugtem Strom zu benötigtem Platz, sind Atomkraftwerke relativ platzsparend. Im Gegensatz zu anderen Techniken kann (bis auf Wartungspausen) rund um die Uhr gearbeitet werden. Des weiteren besitzt Uran eine hohe Energiedichte. Da der radioaktive Abfall gefährlich für Mensch und Umwelt ist, wird eine sichere Lagerung scharf diskutiert. Zu denken geben auch mögliche Unfälle, bei denen radioaktive Stoffe freigesetzt werden können. Der Wirkungsgrad von Atomkraftwerken liegt wischen 30% und 40%. Der Leistungsbereich von Kernkraftwerken liegt zwischen 100 MW und1,5 GW. Weltweit werden ca. 450 Kernkraftwerke betrieben, Tendenz steigend. In jedem Atomkraftwerk auf der Welt kann es immer und jeden Tag zu einem schweren Zwischenfall und Atomunglück kommen. Ob menschliches Versagen, Flugzeugabsturz, Materialermüdung, technische Defekte, Super-Gaus haben schon viele Menschen getötet und verstrahlt. RettendePläne zum Katastrophenschutz existieren nicht, insbesondere in Deutschland, was existiert ist Makulatur. Die in Deutschland noch betriebenen sieben Atomkraftwerke in Deutschland sind nicht gegen den Absturz größerer Flugzeuge, starkes Erdbeben oder Naturkatastrophen geschützt. Da auch Kernkraftwerke solange wie möglich Strom produzieren sollen steigt mit zunehmenden Alter die Gefahr von Super-Gaus. Das es in Deutschland und Nachbarländer noch nicht zu einer Reaktorkatastrophe gekommen ist, haben wir glücklichen Umständen zu verdanken. Die hochradioaktiven Brennelemente im Reaktorkern von Kernkraftwerken produzieren eine unvorstellbar extrem große Hitze, diese muss permanent abgeführt werden. Wird diese Hitze nicht sofort abgeführt entsteht eine Kernschmelze wie wir es in Tschernobyl und Fukushima mit den dramatischen Folgen erlebt haben. Die radioaktiven Wolken verseuchen weite Gebiete auf Jahrzehnte und machen diese unbewohnbar. In unserem dicht besiedelten Europa würden Millionen Menschen heimatlos, krank werden und auch viele sterben. Es stellt sich die Frage, warum werden unsere Katastrophenschutzpläne für Atomunfälle nach der Fukushima-Hölle nicht überarbeitet? Mit welchen Auswirkungen ist bei einem Super-GAU in Deutschland zu rechnen? Tschernobyl und Fukushima sind Synonyme für Atomunfälle katastrophaler Größe. Orte wie Harrisburg, Sellafield, Majak, Tomsk-7 und Tokaimura bekamen einen unangenehmen Beigeschmack für eine nicht beherrschbare Technik und eine lebensverachtende Industrie.

Bekannte Atomunfälle mit Kernschmelze
Quelle: Wikipedia Kernschmelze (05.02.2017)

05.02.2017 Von Tschernobyl und Fukushima hat fast jeder gehört. DieTeil-Kernschmelze in Harrisburg zählt zu den Auslösern der Anti-Atomkraft-Bewegung. Kaum bekannt ist, aber, dass es schon sehr viel häufiger zu Unfällen in Atomkraftwerken mit Kernschmelzen kam. Die Dunkelziffer könnte erheblich sein.Wir dokumentieren geringfügig modifizierte Kurzdarstellungen von Wikipedia.

1952: Kanada, NRX-Reaktor
Am 12. Dezember 1952 kam es im NRX-Reaktor in Ontario, Kanada, zu einer Kernschmelze.

1955: USA, Experimental Breeder Reactor I
Im Jahr 1955 ereignete sich in Idaho, USA, im Experimental Breeder Reactor I (EBR-I) ein Kernschmelz-Unfall.
1959: Großbritannien, "Windscale"
Am 10. Oktober 1957 geriet beim Windscale-Brand im britischen Windscale der Graphitmoderator eines der beiden zur Plutoniumproduktion genutzten Reaktoren in Brand. Durch die hohen Temperaturen kam es zur Beschädigung von Brennelementen und zu erheblicher Freisetzung von Radioaktivität. Der Unfall

wurde als INES 5 eingestuft und in Folge wurden beide Reaktoren stillgelegt, der Rückbau dauerte bis ins Jahr 2016 an.

1959: USA, Santa Susana Field Laboratory
Am 26. Juli 1959 kam es im Santa Susana Field Laboratory (USA) aufgrund eines verstopften Kühlkanals zu einer 30-prozentigen Kernschmelze. Der Großteil der Spaltprodukte konnte abgefiltert werden, es kam aber zur Freisetzung großer Mengen Iod 131.

1961: USA, Forschungsreaktor SL-1
Am 3. Januar 1961 kam es beim militärischen Forschungsreaktor SL-1 (Stationary Low-Power Reactor Number One), Idaho Falls, USA durch manuelles Ziehen eines Kontrollstabs zum kurzzeitigen Leistungsanstieg auf etwa 20 GW, wodurch Teile des Kerns innerhalb weniger Millisekunden schmolzen. Der Reaktor war auf eine thermische Leistung von 3 MW ausgelegt. Die Bedienmannschaft wurde beim Unfall getötet, der Reaktor zerstört.

1965: Sowjetunion, Atomeisbrecher Lenin
Im Februar 1965 gab es auf dem Atomeisbrecher Lenin einen Kühlmittelverluststörfall. Nach der Abschaltung zum Brennelementetausch war das Kühlmittel des zweiten Reaktors abgelassen worden, bevor die Brennelemente entfernt wurden. Einige Brennstäbe schmolzen durch die in ihnen entstehende Nachzerfallswärme; andere verformten sich.

1966: USA, Schnellen Brüters Enrico Fermi 1
Am 5. Oktober 1966 kam es im Prototyp des Schnellen Brüters Enrico Fermi 1 (65 MW) in Michigan (USA) in einigen Teilen des Reaktorkerns zu einer Kernschmelze aufgrund eines Bruchstückes im Kühlkreislauf. Der Reaktor wurde repariert, weiter betrieben und 1972 stillgelegt.

1969: Schweiz, Lucens
Am 21. Januar 1969 kam es im schweizerischen unterirdischen Versuchsatomkraftwerk Lucens (8 MWel) zu einem schwerwiegenden Unfall. Ein durch Korrosion bedingter Ausfall der Küh-

lung führte zur Kernschmelze und zum Brennelementebrand mit anschließender Freisetzung aus dem Reaktortank. Die Radioaktivität blieb im Wesentlichen auf die Kaverne und das umliegende Stollensystem beschränkt. Der Reaktor wurde 1969 stillgelegt. Die Aufräumarbeiten im versiegelten Stollen dauerten bis 1973. 2003 wurden die Abfallbehälter vom Standort entfernt.

1969: Frankreich, Saint-Laurent A1
Am 17. Oktober 1969 schmolzen kurz nach Inbetriebnahme des Reaktors 50 kg Brennstoff im gasgekühlten Graphitreaktor des französischen Kernkraftwerks Saint-Laurent A1 (450 MWel).[15] [17] Der Reaktor wurde stillgelegt.

1977: Tschechoslowakei (Slowakei), Bohunice A1
Am 22. Februar 1977 schmolzen im slowakischen Kernkraftwerk Bohunice A1 (150 MWel) wegen fehlerhafter Beladung einige Brennelemente. Die Reaktorhalle wurde radioaktiv kontaminiert. Der Reaktor wurde 1977 stillgelegt.

1977: Sowjetunion (Russland), Belojarsk
1977 schmolz die Hälfte der Brennelemente im Block 2 des russischen Kernkraftwerks Belojarsk. Die Reparaturen dauerten ein Jahr, der Block 2 wurde 1990 stillgelegt.

1979: USA, Three Mile Island ("Harrisburg")
Im März 1979 fiel im Reaktorblock 2 des Kernkraftwerks Three Mile Island (880 MWel) bei Harrisburg (Pennsylvania) im nicht-nuklearen Teil eine Pumpe aus. Da das Versagen des Notkühlsystems nicht rechtzeitig bemerkt wurde, war einige Stunden später der Reaktor nicht mehr steuerbar. Eine Explosion wurde durch Ablassen des freigesetzten radioaktiven Dampfes in die Umgebung verhindert. Untersuchungen des Reaktorkerns, die unfallbedingt erst drei Jahre nach dem Unfall möglich waren, zeigten eine Kernschmelze, bei der etwa 50 % des Reaktorkerns geschmolzen waren und die vor dem Durchschmelzen des Reaktordruckbehälters zum Stehen gekommen war. Dieser Unfall wurde auf der Internationalen Bewertungsskala für nukleare Ereignisse mit der INES-Stufe 5 eingestuft.

1980: Frankreich, Saint-Laurent
Im März 1980 schmolz im zweiten Block des Kernkraftwerks Saint-Laurent in Frankreich ein Brennelement, wobei innerhalb der Anlage Radioaktivität freigesetzt wurde. Der Reaktorblock wurde repariert, weiter betrieben und 1992 stillgelegt.

1986: Sowjetunion (Ukraine), Tschernobyl
Am 26. April 1986 ereignete sich im graphitmoderierten Druckröhrenreaktor des Reaktorblocks 4 des Kernkraftwerks Tschernobyl (damals in der Sowjetunion, seit der Auflösung der Sowjetunion 1991 in der Ukraine) ein katastrophaler Reaktorunfall. Als Folge eines unkontrollierten Leistungsanstiegs auf mehr als das hundertfache der Nennleistung (Nuklearexkursion!) kam es zu einer totalen Kernschmelze. Beim darauf folgenden Graphitbrand wurden große Mengen radioaktiver Stoffe freigesetzt. Diese Katastrophe wird auf der Internationalen Bewertungsskala für nukleare Ereignisse mit INES-Stufe 7 eingestuft und gilt als der schwerste nukleare Unfall der Geschichte. Die Auswirkungen waren deshalb so schwerwiegend, weil der Reaktor nicht mit einem Sicherheitsbehälter (Containment) ausgestattet war.

2011: Japan, Fukushima
Im März 2011 kam es im japanischen Atomkraftwerk Fukushima Daiichi in den Blöcken 1, 2 und 3 zu Kernschmelz-Unfällen.
Kernschmelzen auf Atom-U-Booten
Auf mehreren russischen atomgetriebenen U-Booten ereigneten sich Kernschmelzen. Bekannt wurde dies von den U-Booten K-278 Komsomolez (1989), K-140 und K-431 (10. August 1985).

Es stellt sich die Frage nach einer Alternativlösung zur weltweiten und unsicheren Kernkraft. Auch können wir den unsicher, gelagerten, radioaktiven Atommüll nicht unseren Kindern, und Kindes-Kindern überlassen. Ein Super-GAU ist auch in Deutschland möglich. Kein Atomkraftwerk der Welt ist sicher. Jeden Tag kann es in jedem Meiler zur Katastrophe kommen. Selbst Behörden und AKW-Betreiber bestreiten das nicht. Die laufenden AKW entsprechen allesamt nicht einmal dem aktuellen Stand von Wissenschaft und Technik, den das Atomgesetz eigentlich fordert. Die noch laufenden AKW in Deutschland wurden allesamt in den 1970er und 1980er-Jahren gebaut und so steigt die Unfallwahrscheinlichkeit durch Materialermüdung mit jedem weiteren Betriebstag. Die allerorten improvisierte Nachrüstung der alten AKW ist riskant, weil es viele Original-Ersatzteile längst nicht mehr gibt.

Aus meiner Sicht bleibt nur eine Alternative um Kernkraft-, Kohleart, Öl,- und Gaskraftwerke zu ersetzen: CO_2 freie Plasma-Geothermalkraftwerke und Entsorgung alter radioaktiver Abfälle aus Kernkraftwerken in das Erdinnere.

CO_2 freies Plasma Geothermalkraftwerk, unter Ausnutzung der Erdwärme und Dampferzeugung aus der Erde.

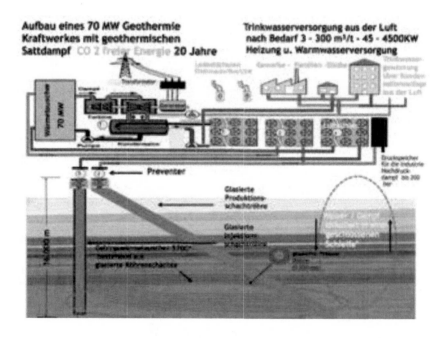

Sichere Entsorgung von radioaktiven Materialien in das radioaktive innere der Erde.

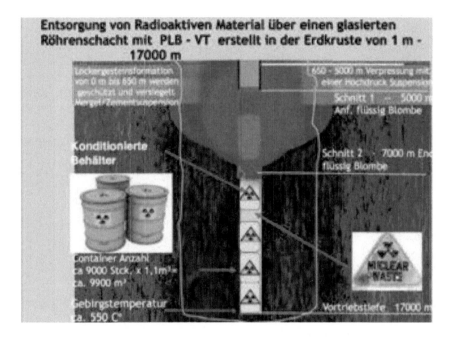

Entsorgung von Radioaktiven Material über einen glasierten Röhrenschacht mit PLB - VT erstellt in der Erdkruste von 1 m - 17000 m

Zur Zeit durchgeführte, extrem gefährlich und unsichere Lagerung von radioaktiven Abfällen.

Hochradioaktiver Atommüll entsteht bei der Kernspaltung in den Brennstäben von Kernkraftwerken. Dieser Abfall strahlt sehr viel stärker als schwach- und mittelradioaktiver Abfall und erzeugt somit fast die gesamte menschengemachte Radioaktivität. Zu ihm gehören auch einige äußerst problematische Substanzen wie das natürlich nicht vorkommende Plutonium, das schon in sehr geringen Mengen hochgiftig ist, eine Halbwertszeit von 24 000 Jahren hat und sich zudem zum Bau von Atombomben eignet. Im hochradioaktiven Abfall finden sich darüber hinaus einige extrem langlebige, neu entstandene Elemente mit Halbwertszeiten von teilweise über einer Million Jahren. Weltweit fallen in Kernkraftwerken jährlich gut 12 000 Tonnen dieses problematischen Mülls an, davon rund 450 Tonnen in Deutschland.

Kapitel 15

Atomversuche- und Atomexplosionen

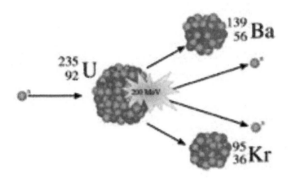

Die Kernexplosion ist die Zerlegung eines Atomkerns in seine Bausteine, meist durch Beschuß mit hochenergetischen Nukleonen aus Beschleunigern oder der kosmischen Strahlung. Kernwaffenexplosionen sind die mächtigsten bis heute von Menschen verursachten Explosionen. Sie werden durch die Zündung von Kernwaffen ausgelöst. Im einfachsten Fall einer Kernspaltungsbombe setzt unmittelbar nach Überschreiten der kritischen Masse eine nukleare Kettenreaktion ein. Radioaktive Substanzen wirken durch ihre Alpha-, Beta- oder Gamma-Strahlung. Sie können als Feststoffe, Flüssigkeiten oder Gase vorliegen und werden vom Organismus unterschiedlich aufgenommen. Dadurch entfalten sie jeweils eine andere Art von Gefährdung. Vor allem zu Beginn eines Unfalls mit hochradioaktiven Stoffen können die leicht flüchtigen Stoffe sich schnell in der Umgebung verbreiten. Schwer flüchtige Stoffe können aber ebenfalls problematisch werden, wenn sie durch Brände, Explosionen etc. verteilt werden und dann langfristig Böden oder Gewässer kontaminieren. Im kalten Krieg wurden durch viele überirdischen Atombombentests große Flächen, Inseln und Meere stark radioaktiv verstrahlt, auch bei unterirdischen Atomtests wurde Gestein gesprengt, an den Rissen trat dann auch Radioaktivität aus. Bei den von 1945 bis 1980 oberirdisch durchgeführten Nuklearwaffentests sind nach Ärzte-Hochrechnungen etwa 2,4 Millionen Krebstote weltweit zu verzeichnen. Seit Beginn des atomaren Zeitalters 1945 wurden mehr als 2.000 Atomwaffentests durchgeführt – oberirdisch, unter der Erde und unter Wasser. Die Folgen für die menschliche Gesundheit und für die Umwelt sind erschütternd. Wir alle tragen radioaktive Substanzen, die vom Fallout der Atomwaffentests stammen, in unseren Körpern, die unser Krebsrisiko erhöhen. Viele Teile der Erdoberfläche wurden zu irgendeinem Zeitpunkt radioaktiv kontaminiert. Atomwaffentests befähigen Regierungen dazu, die Zerstörungskraft und die Tödlichkeit ihrer Atomwaffen weiter zu erhöhen. Für Bewohner betroffener Testgebiete bedeuteten die Atomversuche oftmals den Strahlentod und bis heute andauernde Schmerzen und Gesundheitsschäden. Viele Menschen erkrankten an Schilddrüsenkrebs und Leukämie. Sie leiden an genetischen Schäden, Erbkrankheiten und Schwächungen der Immunsysteme. Die Testgebiete sind für Jahrzehnte radioaktiv verseucht. So kann beispielsweise die Pazifikinsel Bikini, Städte zahlreicher US-amerikanischer Nukleartests, nach wissenschaftlichen Prognosen erst in vielen Jahrzehnten wieder bewohnt werden. Nirgendwo auf diesem Planeten sind mehr Atombomben explodiert als in Kasachstan. Die Sowjetunion zündete zwischen 1949 und 1989 knapp 500 nukleare Sprengköpfe, 113 davon oberirdisch. Die dabei freigesetzte Sprengkraft entspricht etwa 2500 Hiroshima-Bomben. Um eine Wasserstoffbombe zu zünden, bedarf es einer Atombombe. Nur so kommt dort diese Kernverschmelzung in Gang. Wenn die Atombombe im Inneren der Wasserstoffbombe explodiert, entsteht extrem starke Röntgenstrahlung. Diese erhitzt den eigentlichen Sprengsatz, der im Wesentlichen aus schwerem Wasserstoff (Deuterium) besteht. Durch den Sprengsatz läuft eine regelrechte Schockwelle. Sie komprimiert das Deuterium so stark, dass es zu Helium verschmelzen kann. Die Folge: eine lawinenhafte Detonation, die unvorstellbare Kräfte freisetzt. Radioaktive Strahlen sind von einer gewissen Stärke an gesundheitsschädlich, bei hohen Dosen führen sie zwangsläufig zum Tod. Denn Radioaktivität kann Körperzellen zerstören. Bereits niedrig dosierte Strahlen können das Erbgut verändern und damit langfristig Krebs auslösen. Besonders Leukämie, Schild-drüsen-, Lungen- und Brustkrebs sind mögliche Spätfolgen.

Tumore, Gendefekte, Missbildungen: das strahlende Erbe nicht nur der sowjetischen Atomtests. Bild: youtube

Kapitel 16

Atomkrieg

Bereits ein auf nur 2 Länder begrenzter Atomkrieg, z.B. Indien und Pakistan, hätte weltweite Folgen und zöge einen lang anhaltenden "nuklearen Winter" nach sich, in der gesamten Erde würde Ruß bis in die Stratosphäre aufsteigen, der Ruß blockiert das Sonnenlicht. Der darauf folgende Temperatursturz würde weltweit die Landwirtschaft ruinieren und mehr als einer Milliarde Menschen den Hungertod bringen. Weitere Folgen der Lebensmittelknappheit könnten Klimaflüchtlinge, Aufstände, Revolutionen und neue Kriege sein. Diese „kleine" Katastrophe, ist im Vergleich mit einem vollständig, eskalierten Atomkrieg zwischen Großmächten noch nicht mal zu vergleichen, dieser Katastrophe würde niemand auf der Welt überleben. Wir sind an dem Punkt angekommen, an dem der Zusammenbruch der Aktienmärkte, Rohstoffpreise, Banken und Währungen kurz bevor steht und uns in einen globalen wirtschaftlichen Zusammenbruch stürzen wird. Dieser bevorstehende wirtschaftliche Zusammenbruch wird die Nationen in den Dritten Weltkrieg treiben und massive, weltweite, nukleare Zerstörung mit sich bringen. Kremlchef Wladimir Putin hat davor gewarnt, die wachsende Gefahr eines Atomkriegs zu unterschätzen. „Wenn, Gott verhüte, so etwas passiert, kann das zur Vernichtung der ganzen Zivilisation führen, wenn nicht des ganzen Planeten", sagte der russische Präsident vor Journalisten kürzlich in Moskau. Die Verantwortung für die wachsende Gefahr sah er aufseiten der USA, die wichtige Rüstungskontrollverträge gekündigt hätten. Russland wolle mit neuen Waffen nur das Gleichgewicht halten. „Wir wahren nur die Balance, sorgen für unsere Sicherheit", sagte Putin. Besorgniserregend sei, dass in militärischen Planspielen die Schwelle für den Einsatz von Atomwaffen sinke. Gefährlich seien auch US-Pläne, Interkontinentalraketen mit konventionellen Sprengköpfen zu bestücken. So bleibe für den Gegner unklar, wie er reagieren solle. US-Präsident Trump will wieder aufrüsten. Donald Trump hat gegenüber der Nachrichtenagentur Reuters erklärt, dass er Amerika wieder zur führenden Nuklearmacht der Welt machen will. „Ich bin der erste, der es gerne sehen würde, dass niemand mehr Atomwaffen besitzt", so Trump. „Aber solange Staaten Atombomben besitzen, müssen wir die Spitze des Rudels sein", sagte er. Das ist eine Umkehr der bisherigen Atomwaffenpolitik der USA. Geht der Wahnsinn des atomaren Wettrüstens von vorne los? Trump hat schon 2017 von „Modernisierung" seiner Atombomben und Raketen gesprochen. Und Putin hat angekündigt, dasselbe zu tun, aber auch ebenso Xi in Peking. Schon Präsident Obama hatte behauptet, dass Russland das Abkommen verletze. Doch statt darüber zu reden und zu verhandeln, um das Schlimmste zu verhindern, kündigt Trump an, auszusteigen. Die Angst vor diesem unberechenbaren Präsidenten wird jetzt noch mehr wachsen. Die Washington Post zählt täglich Trumps Lügen und falschen Behauptungen: Danach soll er 7 mal am Tag im Schnitt lügen. Doch die US-Wähler scheint das wenig zu irritieren. Dann sollte wenigstens die EU eine klare Antwort geben: Keine neue Atomwaffen nach Europa. Die Bundesregierung hat schon deutlich gemacht, dass Trump eine „verheerende Entscheidung" getroffen hat. Die letzten 50 Atomwaffen, die noch in Deutschland stationiert sind, müssen sofort abgezogen werden. Ein Atomkrieg wäre wahrscheinlich der letzte Krieg in der Menschheitsgeschichte, weil es danach keine Menschen mehr gäbe, die noch einen Krieg führen könnten. Der kalte Krieg galt im Jahr 1995 offiziell als beendet. Die Sowjetunion war gefallen, das atomare Wettrüsten der beiden Supermächte USA und Russland galt als eingestellt. Und dennoch wäre es 1995 fast zum Undenkbaren gekommen: Einem Atomkrieg. Eine Forschungsrakete stiftete Verwirrung. Amerikanische und norwegische Forscher befanden sich auf der norwegischen Insel Andøya. Von dort aus wollten die Wissenschaftler die Polarlichter untersuchen. Dafür war auch der Einsatz einer Höhenforschungsrakete geplant. Im Vorfeld des Einsatzes warnten die Wissenschaftler die USA, Russland und 28 weitere Nationen und wiesen auf den Einsatz der Forschungsrakete hin, wohl um zu verhindern, dass ein Staat die Rakete versehentlich für einen nuklearen Erstschlag hält. Doch scheinbar gelangte diese Nachricht nicht bis zur russischen Luftraumüberwachung. Diese registrierte die Forschungsrakete nämlich und hielt sie für einen möglichen Erstschlag der USA. Innerhalb weniger Minuten wurde der damalige Präsident Russlands, Boris Jelzin, über den Vorfall informiert es wurde richtig brenzlich, als seine Militärs ihm den Atomkoffer brachten. Damit hätte der Präsident innerhalb weniger Sekunden einen Gegenschlag autorisieren können und die Welt in Schutt und Asche gelegt. Zum Glück jedoch behielt Jelzin die Nerven. Noch während er mit seinem Verteidigungsminister telefonierte, kam er zu dem Schluss, dass es sich bei der entdeckten Rakete nicht um einen Angriff der USA handeln würde und sah von Gegenmaßnahmen ab. Im September 1983 tritt in Moskau Oberstleutnant Stanislaw Petrow seinen Dienst an, die Satellitenüberwachung des gegnerischen Luftraums liegt in seiner Verantwortung. Zunächst verläuft alles wie gewohnt, bis kurz nach Mitternacht, am 26. September um 0:15 Uhr Moskauer Zeit, der Alarm losgeht. Das computergesteuerte russische Frühwarnsystem meldet den Start einer US-Atomrakete in Nordamerika. Die russischen Streitkräfte machen sich bereit, den Gegenschlag auszulösen, Petrow aber ist skeptisch, er meldet deshalb einen Fehlalarm. Doch noch während er mit dem Generalstab telefoniert, zeigt der Computer vier weitere Raketenstarts an. Die internationale politische Situation ist bereits seit längerem angespannt. US-Präsident Ronald Reagan hatte die Sowjetunion als "Reich des Bösen" beschimpft. Gemäß des NATO-Doppelbeschlusses wollen die Amerikaner in Westeuropa Pershing-II-Raketen stationieren. Sie seien ein Ausgleich zu den SS-20-Atomraketen, die die Sowjetunion in Osteuropa aufgebaut habe. Verschärft wird die Lage zusätzlich durch den sowjetischen Abschuss eines südkoreanischen Passagierflugzeugs am 1. September 1983. Eine militärische Eskalation wäre durchaus denkbar. Petrow bleibt bei seiner Meinung, nicht den Gegenschlag auszuführen. Später zeigt sich, dass sein Misstrauen gegenüber der Computertechnik gerechtfertigt war. Das Überwachungssystem hatte Reflexionen des Sonnenlichts an Wolken über einer amerikanischen Luftwaffenbasis als Raketenstarts fehlinterpretiert. Auf dem Höhepunkt der Kubakrise 1962, stand die Welt am Rande einer atomaren Vernichtung, welche die gesamte Menschheit vernichtet hätte. Der darauf folgende nukleare Winter würde, wie Mitte der 1980er Jahre erkannt und wissenschaftlich belegt wurde, die gesamte Erde für hunderte Jahre unbewohnbar machen. Die Vereinigten Staaten werden zukünftig die Einhaltung des INF-Vertrags aussetzen, dieses Abkommen, das 1987 zwischen der Sowjetunion und den Vereinigten Staaten geschlossen wurde, verbietet den Besitz und die Produktion von Atomraketen mit Reichweiten zwischen 500 und 5.500 Kilometern. Die Aufkündigung des INF-Vertrags mit Rückendeckung der Nato-Partner durch die USA, hat zur Folge, das zwangsläufig der Rückzug der USA aus weiteren globalen Rüstungskontrollabkommen geschieht. Der Rückzug der USA aus dem INF-Vertrag folgt aus der Neuausrichtung des Militärs der Vereinigten Staaten auf „Großmachtkonflikte" mit Russland und China. Hinter den Atomkriegsplänen der USA stehen wirtschaftliche Interessen. Nach der Aufkündigung des INF-Vertrages beginnt eine sechsmonatige Kündigungsfrist. Der INF-Vertrag endet dank Aufkündigung von Trump am 2. August 2019. Die USA und Russland können dann völlig ungehindert neue Nuklearraketen mit einer Reichweite von 500 bis 5.500 km entwickeln und auch stationieren, ohne jegliche Maßnahmen der Transparenz und Kontrolle. Die Kündigung ist eine Missachtung künftiger Generationen. Die USA hoffen, dass sie durch den Einsatz ihres Militärs und ihrer Atomwaffenpolitik in der Lage sein werden, den wirtschaftlichen Aufstieg Chinas einzuschränken, die Weltherrschaft der USA soll bestehen bleiben. In der Nato und Europa wächst die Sorge über ein neues Wettrüsten. Ab sofort dürfen wieder atomare Mittelstreckenraketen auf dem Kontinent stationiert werden – der INF-Vertrag ist ja beendet. Gibt es nun eine massive atomare Aufrüstung? Erlebt die Atombombe ein Comeback? Droht gar die Spaltung der NATO? Trump hatte die Rückendeckung der Nato-Partner, inklusive der Bundesregierung. Das Bündnis wirft Russland vor, den Vertrag gebrochen zu haben. Konkret geht es dabei um die Stationierung von 60 Raketen des Typs 9M729. Die Nato unterstellt Moskau, die Raketen hätten eine Reichweite von 2000 Kilometern. Das wäre laut INF-Vertrag verboten. Der Kreml behauptet, die Raketen hätten nur eine Reichweite von erlaubten 480 Kilometer. Die USA entwickeln gerade neue Mittelstreckenraketen, auch mit Blick auf China. Es besteht die Gefahr, dass die Sicherheit Europas von der der USA abgekoppelt wird, da sich die russischen Raketen atomar bestücken lassen, und mit 2000 Kilometer Reichweite jede europäische Hauptstadt bis auf Lissabon erreichen, aber nicht die USA. Der frühere Präsident der Sowjetunion Michail Gorbatschow rechnet nach dem Ende des INF-Vertrags über das Verbot land-gestützter atomarer Mittelstreckenwaffen mit einem neuen Wett-rüsten. "Dieser Schritt der USA macht die Weltpolitik unbere-chenbar und die Entwicklung chaotisch", sagte der russische Friedensnobelpreisträger der Nachrichtenagentur Interfax. Gor-batschow und US-Präsident Ronald Reagan hatten 1987 den INF Vertrag unterzeichnet, der nun dummerweise beendet wur-de. Für alle Länder in Europa ist dieser Vertrag seit 30 Jahren eine wichtige Überlebensgarantie. Denn er verbietet Raketen, die tief und extrem schnell fliegen und ihre Ziele teils in weniger als zwei Minuten erreichen können und damit kaum Vorwarnzeit lassen. Ein neues Wettrüsten zwischen den USA und Russland hat bereits begonnen. Die USA haben bereits angekündigt, in Reaktion auf die Aufrüstung Russlands selbst ein mobiles bo-dengestütztes Mittelstreckensystem zu bauen. Russland hat an-gekündigt an neuen, landgestützten Hyperschall-Mittelstrecken-raketen auf das Aus für den INF-Vertrag zu reagieren. Die Sta-tionierung landgestützter, nuklearer Waffensysteme in Europa ist nicht mehr aufzuhalten. Russland selbst warnte erneut vor einer Stationierung solcher Raketen in Europa. Sollten die in dem Ab-kommen verbotenen Raketen aufgestellt werden, dann behält sich das Land nach Darstellung des Außenministeriums in Mos-kau vor, analog in der Nähe der USA solche Waffen zu stationie-ren. "Alle Optionen werden auf dem Tisch liegen", sagte der rus-sische Vizeaußenminister Sergej Rjabkow der Agentur Interfax. Militärexperten in Moskau sehen etwa Venezuela oder Kuba als mögliche Standorte für solche russischen Raketen. Seit längerer Zeit fordert Russland die USA auf, ihre in Deutschland stationier-ten Atomwaffen abzuziehen. Nach Angaben aus Militärkreisen lagern auf dem Bundeswehrstützpunkt im rheinland-pfälzischen Büchel derzeit noch etwa 20 Atombomben. Im Ernstfall sollen sie von Eurofighter-Kampfjets der Bundeswehr an ihr Ziel gebracht und abgeworfen werden das ist Deutschlands Beitrag zur nu-klearen Abschreckung der Nato. Der INF Vertrag bindet lediglich die USA und Russland, nicht aber aufstrebende Militärmächte wie China, das Washington zunehmend als Hauptrivalen emp-findet. Die Volksrepublik verfügt Schätzungen zufolge bereits über knapp 2000 ballistische Raketen und Marschflugkörper, die unter das Abkommen fallen würden, es wird weiter daran gear-

beitet, die Anzahl zu erhöhen. Ohne Rüstungsbeschränkungen, so das Kalkül, könnten die USA darauf besser reagieren. Droht jetzt ein neuer kalter Krieg? Eine neue Spirale der Aufrüstung in Europa, USA, China und anderen Ländern steht bevor und die Vorbereitungen haben bereits begonnen.
Politiker sprecht miteinander und vereinbart Atomwaffenstops

und schleicht euch nicht aus noch den restlich bestehenden Atomverträgen. Deutschland darf nicht wie geplant aufrüsten. Wer mehr Sicherheit will, muss auf zivile und zivil-militärische Missionen setzen. Die Welt hält den Atem an. Zum ersten Mal seit dem Fall des Eisernen Vorhangs stellen sich die Menschen wieder die Frage: Kann es zu einem Atomkrieg kommen? Ausgelöst wurde das durch die Raketentests Nordkoreas sowie die Eskalation der Drohungen zwischen Kim Jong Un und Donald Trump. Dies bestätigt leider die Prognose der Atomwissenschaftlerinnen und Atomwissenschaftler. Die hatten im Januar die Zeiger der „Atomkriegsuhr" auf zweieinhalb Minuten vor zwölf gestellt. Die Welt ist unsicherer geworden. Auch Donald Trump und Wladimir Putin drohen sich gegenseitig mit einem Wettrüsten, wir befinden uns bereits in einem neuen Kalten Krieg. Die Kündigung des INF-Vertrages zum Verzicht auf Mittelstreckenwaffen hat die Nato und Europa eiskalt und völlig unerwartet erwischt. Russland droht: Europa könne zum Schauplatz eines Krieges werden, wenn es den USA blind folge. Über 30 Jahre lang hatte das INF-Abkommen gehalten. Er war von größter Bedeutung für Abrüstung und Entspannung im Kalten Krieg zwischen beiden Nationen. Weil Russland gegen Auflagen des 30 Jahren alten INF-Vertrag verstoßen haben soll, haben ihn die USA gekündigt. Nicht nur die USA und Russland rüsten um die Wette, auch Indien und China rüsten um die Wette, da China und Indien nicht nur wirtschaftliche, sondern auch militärische Rivalen sind. China ist der weltweit viertgrößte Waffenimporteur, Indien das Land mit den kostspieligsten Rüstungsimporten. Indien und Pakistan streiten sich darüber, zu wem die Regionen Jammu und Kaschmir gehören sollen. Früher wurden Indien und Pakistan von Großbritannien beherrscht und „Britisch Indien" genannt. 1947 wurden die beiden Länder unabhängig von Großbritannien und gründeten sich als zwei verschiedene Staaten. Der Südasien-Experte Michael Kugelman bezeichnet den derzeitigen Konflikt zwischen beiden Ländern in einem Gastbeitrag für die „Deutsche Welle" als „schwerste Krise seit Jahrzehnten". Nicht allein die aktuellen niedrigschwelligen Eskalationen erhöhten das Risiko eines Atomkrieges zwischen Indien und Pakistan. „Besorgniserregend ist auch die stetige Vergrößerung des Arsenals an taktischen Atomwaffen in Pakistan", so Kugelman, der leitender Asien- und Südasien-Forscher am „Woodrow Wilson International Center for Scholars" in Washington ist. Hinzu käme, dass Pakistan niemals zugesichert habe, nicht als erster Atomwaffen einzusetzen. „Jeglicher konventionelle Angriff durch Indien könnte als theoretisch von Pakistan auch mit atomaren Mitteln beantwortet werden." Käme es zu einem Krieg, hätte das weltweite Folgen. Forscher gehen in diesem Fall von einer globalen humanitären Katastrophe aus. Amerikanische Klimaexperten warnten bereits im Jahr 2014 in einer ausführlichen Studie vor den Folgen eines Atomkriegs zwischen Indien und Pakistan. Schon ein „kleiner" Atomkrieg führt demnach zu einer Schädigung der Ozonschicht, wodurch sich das Klima weltweit jahrelang abkühlen könnte. Massive Ernteausfälle wären die Folge. Dieser sogenannte „nukleare Winter" könnte zu einer globalen Hungersnot führen. Atomare Unsicherheiten entstehen auch vor der Haustür Europas, dort toben blutige Kriege, in Syrien, in Libyen, im Jemen, im Südsudan, da kämpfen Aufständische, Terroristen, Söldner, und Spezialeinheiten. Trump verlangt von Deutschland, zwei Prozent seiner Wirtschaftsleistung für das Militär auszugeben, das ist fast eine Verdoppelung des Rüstungsetats. Was die meisten Politiker nicht verstanden haben ist, das die Abrüstung und Rüstungskontrolle in kritischen und angespannten Zeiten dringend notwendiger sind als denn je. Wenn ein Land mehr Sicherheit anstrebt, dann muss es im Kampf gegen Hunger und Klimawandel investieren und internationale Organisationen finanziell unterstützen. Die zivile und zivil-militärische Missionen müssen ausgebaut werden wie mehr Polizisten, Richter, Aufklärung, Ausbildung und Transport. Können wir einen Atomkrieg überleben? Was ist als Fallout zu verstehen und wie sieht er aus? Das, was bei einer nuklearen Explosion im Krater verdampft, steigt als Atompilz auf und gibt der Explosion ihr Aussehen. Wissenschaftler zeigen in einer Onlinekarte die Auswirkungen eines denkbaren Atombombeneinsatzes. Wo die Bombe eingesetzt wird, kann der Benutzer selbst wählen. Konsequenzen eines Atomschlags simulieren: Wie gefährlich sind sie wirklich? Wie viel Schaden richten sie an – sofort und im Nachhinein? Auf eine erschreckend realistische Art und Weise möchte der US-Physiker Alex Wellerstein diese und weitere Fragen zum Thema beantworten. Auf der Webseite nuclearsecrecy.com/nukemap kann der Nutzer eine Atombombe irgendwo auf der Erde abwerfen und Konsequenzen der Explosion beobachten. Dafür nutzt Wellerstein zum einen Google Maps und zum anderen öffentliche zugängliche Daten sowie Modellrechnungen, um die Detonation samt Folgen möglichst naturgetreu darzustellen. Was würde beispielsweise passieren, wenn die nach heutigen Maßstäben Minibombe, die 1945 über Hiroshima abgeworfen wurde, heute Mitten in Berlin zündet? Laut Nukemap würde in einem Radius von 180 Metern alles sofort zerstört. Weitere direkte Auswirkungen – wie Verstrahlung und Verbrennungen – würden noch in einem Radius von 1,9 Kilometern zu spüren sein. Und dabei ist der radioaktive Niederschlag, den Nukemap aufgrund des aktuellen Wetterberichts optional ebenfalls anzeigt, nicht mal einberechnet. Die Webseite berechnet sogar die möglichen Zahlen für Todesopfer und Verletzte. Die Hiroshima-Bombe mit ihren 15 Kilotonnen Sprengkraft würde demnach in Berlin 48.020 Menschen töten und knapp 160.000 verletzen. Zur Auswahl stehen aber noch weit größere Atombomben, wie die sowjetische Tsar-Bombe mit unvorstellbaren und gewaltigen 100 Megatonnen Sprengkraft. Die Verwüstungen wären um ein über 1000 fache gravierender und der gesamte Osten Deutschlands wäre betroffen. Ist man im Freien, wenn der Atomkrieg beginnt? Die Chancen stehen gut. Es sei denn, man steht in dem Radius, indem alles verdampft. Die Druckwelle legt die ersten 2 Kilometer in rund 5 Sekunden zurück, die nächsten 2 Kilometer wieder in etwa 5 Sekunden und so weiter. Eine Entfernung vom Einschlag der Bombe in ca. 100 Kilometer zu erreichen, wäre lebenserhaltender, aber man hat dazu nur ca. 4 Minuten. Wenn der atomare Blitz gesehen wird, dann Gesicht auf den Boden, Hände schützend über den Kopf. Man darf auf keinen Fall in die Richtung der Explosion schauen. Selbst wenn man die Explosion nur im Augenwinkel wahrnimmt, kann er zur vorübergehenden Blindheit führen. Wer direkt in den Blitz schaut, wird sehr wahrscheinlich in bis zu 30 km bis 80 km Entfernung, tagsüber und nachts an dauerhaften Schädigung seiner Augen leiden und auch wahrscheinlich erblinden. Derzeit gibt es keine funktionstüchtigen öffentlichen Schutzräume mehr. Vor einem Jahrzehnt waren es noch rund 2000 Schutzräume für etwa zwei Millionen Menschen, inzwischen sind es noch etwa 1000 Anlagen. Die werden aber seit Jahren vom Bund praktisch nicht mehr gewartet und nicht mehr funktionsfähig gehalten. In der Schweiz gibt es mehr als 300.000 funktionierende Personenschutzräume und 5.100 öffentliche Schutzanlagen. Damit hält das Land umgerechnet mehr als eine Million mehr Schutzplätze vor als es Einwohner hat. Rein theoretisch liegt die Zeit nach einer Atombombenexplosion bei 30 Minuten, bevor Partikel und radioaktiver Staub wieder zurück auf die Erdoberfläche fallen. Die Zeit sollte ausgenutzt werden um nach Hause zu kommen, oder in ein Gebäude. Eine medizinische Versorgung wird es vermutlich nicht mehr geben, einen Krankenwagen oder Arzt zu rufen macht wohl auch keinen Sinn mehr. Eine nukleare Explosion bringt immer einen elektromagnetischen Impuls mit sich, somit werden Computer, Internet, Stromversorgung, Telefone, etc. außer Betrieb gesetzt. Wie sieht es mit unseren Vorräten im Haus oder in der Wohnung aus? Ist genügend Wasser und Vorräte im Haus, um mindestens 2 Monate zu überleben? Sind genügend Batterien für eine provisorische Lochversorgung vorhanden? Eine Schilddrüse mit Jodmangel kann bei einem atomaren Unfall mit radioaktiven Freisetzungen viel Radiojod aufnehmen, während eine mit Jod gesättigte Schilddrüse kein zusätzliches radioaktives Jod aufnimmt. Deshalb ist es wichtig, dass eine Sättigung der Schilddrüse mit stabilem Jod vor Eintreffen einer radioaktiven Wolke erfolgt. Wenn man es nach Hause geschafft hat, muss Kleidung vor der Tür abgelegt werden. So bleibt radioaktives Material draußen und es kann bis zu 90% der Strahlung vermieden werden. Falls möglich sollte man Als nächstes sollte am duschen, die Nase auswaschen und seine Haut gründlich reinigen. Spülungen oder Cremes binden übrig gebliebene Staubpartikel an den Körper, daher Shampoo benutzen. Falls die Dusche nicht mehr funktioniert nimmt man ein warmes, nasses Handtuch und wischt sich gründlich damit ab. Woher weiß man, ob ein Gebiet oder generell die Umgebung vor atomarer Strahlung sicher ist? Die einzige Möglichkeit, sollte man bis hier hin überlebt haben, ist ein Geigerzähler. Moderne aber auch ältere Zähler ermitteln die Strahlungswert und geben ein hörbares Warnzeichen ab, falls die Umgebung noch mit tödlicher Strahlung belastet ist. Die Version 2.5 der Webseite NukeMap zeigt auf wie sich die Auswirkungen einer nuklearen Explosion simulieren lassen. Mit den Angaben des Explosionsortes wie z.B. Köln und der aktuellen Windrichtung lässt sich ebenfalls der mögliche Fallout simulieren. Russlands Präsident Wladimir Putin hat davor gewarnt, die Gefahr eines Atomkriegs zu unterschätzen. Die Welt werde derzeit Zeuge des Zusammenbruchs der internationalen Ordnung, was das Risiko einer solchen Auseinandersetzung erhöhe, sagte Putin in seiner jährlichen Pressekonferenz zum Jahresabschluss in Moskau. "Gott möge es verhindern, aber wenn es zu einem Atomkrieg kommen würde, würde dies das Ende aller Zivilisation bedeuten und vielleicht auch des Planeten", warnte Putin. Mehrere Dutzend Mal stand die Welt bereits am Rande des nuklearen Abgrunds, die Aufgabe der Politik muss sein, mit allen Möglichkeiten von einer atomaren Katastrophe abzurücken. Völkerrechtliche Verbote von Atomwaffen, sowie Rüstungskontrollverträge sind nur einige Mittel, die ihnen dabei zur Verfügung stehen.

Es gibt nur zwei Möglichkeiten: Entweder schaffen wir die Atomwaffen ab, oder die Atomwaffen schaffen uns ab. Politiker der Welt sofort an einen Tisch zur Verhinderung eines Atomkrieges!